U0569467

DRC 丛书主编·李 伟

国务院发展研究中心
研究丛书2013

中国云计算应用的
经济效应与战略对策

The Economic Effects and Strategic Countermeasures
of Cloud Computing Applications in China

田杰棠◎著

中国发展出版社
CHINA DEVELOPMENT PRESS

图书在版编目（CIP）数据

中国云计算应用的经济效应与战略对策/田杰棠著. —北京：
中国发展出版社，2013.6

（国务院发展研究中心研究丛书／李伟主编 . 2013）

ISBN 978-7-80234-962-9

I.①中… Ⅱ.①田… Ⅲ.①计算机网络—高技术产业—
经济发展—研究—中国 Ⅳ.①F426.67

中国版本图书馆 CIP 数据核字（2013）第 124359 号

书　　　名：中国云计算应用的经济效应与战略对策
著作责任者：田杰棠
出版发行：中国发展出版社
　　　　　　（北京市西城区百万庄大街 16 号 8 层　100037）
标 准 书 号：ISBN 978-7-80234-962-9
经　销　者：各地新华书店
印　刷　者：北京科信印刷有限公司
开　　　本：700mm×1000mm　1/16
印　　　张：11
字　　　数：120 千字
版　　　次：2013 年 6 月第 1 版
印　　　次：2013 年 6 月第 1 次印刷
定　　　价：28.00 元

联 系 电 话：(010) 68990630　68990692
购 书 热 线：(010) 68990682　68990686
网 络 订 购：http://zgfzcbs.tmall.com//
网 购 电 话：(010) 88333349　68990639
本 社 网 址：http://www.develpress.com.cn
电 子 邮 件：bianjibu16@vip.sohu.com

深化体制改革　促进转型发展

国务院发展研究中心主任　李伟

　　党的十八大提出了到 2020 年全面建成小康社会的宏伟目标。届时，按不变价计算，城乡居民收入水平比 2010 年实现倍增。要实现这一宏伟目标，到 2020 年前，我国 GDP 年均增长速度需要略高于 7%。如何在转变发展方式的基础上保持经济较快增长，实现全面建成小康社会的宏伟目标，对我们的工作提出了新的要求。

　　未来中国经济发展面临着全新的国际环境。全球金融危机爆发后，世界经济进入了大调整大转型时期。发达经济体难以在短期内恢复高速增长，世界经济进入低速增长新阶段。全球性产能过剩问题加剧，国际市场竞争更加激烈，贸易投资保护主义有所抬头。区域贸易安排取代多边贸易体系，成为贸易投资自由化的主要形式，发达国家正按照自身利益酝酿新的贸易投资规则。三大主要经济体同时采取宽松的货币政策，导致全球性流动性过剩，对国际资本流动、全球金融市场的稳定均产生巨大影响。能源供求结构与格局深刻变化。主要发达经济体在救助金融危机和刺激经济的同时，实施"再制造业化"战略，重视新兴产业发展，推动经济加速转型。国际环境的变化，蕴含着新的机遇与挑战，战略机遇期的内涵与条件发生了重要变化。

中国经济发展进入了新阶段。我国已经进入了中等收入国家的行列，潜在经济增长率将出现下降，经济增长动力正处于转换之中。我国比较优势也在发生深刻变化，以往支撑我国参与国际分工与竞争的低成本劳动力优势正在快速削弱，劳动密集型产品在国际市场上面临着日益激烈的挑战。

转变发展方式刻不容缓。依靠要素投入驱动的经济发展方式难以为继，不平衡、不协调、不可持续的矛盾日益尖锐。经济结构不合理的问题日益严重，影响社会和谐稳定的矛盾更加突出，产能过剩、房地产泡沫、地方融资平台蕴含的金融风险等问题不可忽视。年初华北地区大面积持续的雾霾天气，不仅突显了资源环境问题的严重性，更反映了转变发展方式的紧迫性。

既要转变发展方式，又要保持经济稳定增长，唯一的出路是深化体制改革。体制机制是决定经济发展方式的根本因素，老的体制机制决定了老的发展方式。要转变发展方式，必须要有一套新的体制机制，否则，转变发展方式只能是纸上谈兵。除此之外，抓住新的发展机遇，释放经济增长的潜力，同样需要进一步深化改革。

深化改革要坚持不断完善社会主义市场经济体制。深化改革的关键是处理好政府与市场、政府与社会的关系，要尽可能把市场与社会可以自行承担的职能交给市场和社会，要用体制机制用好、管好政府这只"看得见的手"，充分尊重市场这只"看不见的手"，真正发挥市场机制在资源配置中的基础性作用。

改革进入深水区，需要我们用极大的智慧与勇气推进改革。各种体制盘根错节，相互影响，牵一发而动全身，改革不能零打碎敲，必须做好改革的顶层设计，系统化推进。

国务院发展研究中心是直接为党中央国务院决策服务的政策研究咨询机构。我们始终坚持围绕中心、服务大局的方向，开展政策研究，将战略性、综合性、全局性和前瞻性的重大战略问题研究与对经济社会发展中的热点、难点、焦点问题研究有机结合，力争为党中央国务院决策提供"管用"的政策建议与解决方案。

2013 年的"国务院发展研究中心研究丛书"共包括 16 本著作，是过去一两年我中心部分政策研究成果。《改革攻坚（上）——改革的重点领域与推进机制研究》和《改革攻坚（下）——推进经济体制重点领域改革研究》是对下一步经济体制改革的总体设计，是我中心重大课题研究成果。丛书中还收录了对特定领域改革的研究成果，如《稳定与完善农村基本经营制度研究》《利率市场化改革研究》。关于转型发展方面的研究成果则包括：《中国制造业创新与升级——路径、机制与政策》《中国企业转型发展调查研究》《要素成本上涨对中国制造业的影响及相关政策研究》《大调整时代的世界经济》《全球农业战略：基于全球视野的中国粮食安全框架》《完善城镇化进程中的社会政策》《人口倒挂地区社会管理研究》等。针对经济社会发展中的热点问题，丛书重点收录了建立房地产市场调控长效机制的研究成果，包括《中国住房市场：调控与政策》《土地供应制度对房地产市场影响研究》。另外，丛书还收录了关于经济社会发展中一些新趋势、新问题的研究，如《中国云计算应用的经济效应与战略对策》《中国场外股权交易市场：发展与创新》《中国中长期负债能力与系统性风险研究》。

我们正在着力建设"一流智库"，不断提高政策研究的水平与质量。尽管如此，丛书中收录的研究成果，可能还存在种种不足，希望读者朋友不吝赐教，提出宝贵意见与建议，帮助我们不断改进。我衷心希望，社会各界都能够关心支持政策研究与咨询工作，为实现中华民族伟大复兴的"中国梦"，不断作出新贡献。

2013 年 6 月 3 日

目 录
Contents

第一章

云计算的内涵、创新属性与研究进展

一、云计算产生和发展的背景

2008 年发生的国际金融危机重创了世界经济，欧美等发达国家的经济发展速度有所减缓，而且至今也未能完全走出危机。这场危机为什么会发生？这个问题引起了包括政治家、企业家和经济学家在内的各界人士的反思。金融危机发生后，国内外许多文献对此次危机发生的根源以及解决之道进行了大量很有见地的研究，不过最初的研究重点多数属于就金融论金融，主要论题集中在对金融衍生品合理性的反思和对监管体制的质疑，还有国际货币体系的问题及其改进等方面。例如 Wien（2010）[①] 认为，金融危机的根本出路还是在于构建合理的国际储备货币。

不过，随着危机的不断深化，对危机产生机制的认识也越来越深化。许多经济学家指出，金融危机发生的根本原因在于实体经济失去了内生动力，随着信息技术（Information Technology，IT）等新一代通用目的技

---

① Byron・Wien，"金融危机根本出路是构建国际储备货币"，《当代金融家》，2010（10）。

术（General Purpose Technologies）对经济产生的持续冲击作用逐步耗尽，经济发展的技术驱动力越来越弱。另一方面，尽管科学技术在许多领域有一些新的突破，但是真正能为市场所接受的新技术变革还未趋于明朗。正如诺贝尔经济学奖获得者 Kydland 和 Prescott（1982）[①] 在其"真实经济周期理论"中所指出的，技术进步的现实波动会对经济产生实质性的冲击，使国内生产总值、消费、投资、劳动时间等经济变量都发生变化。

基于这种考虑，发达国家政府对新技术变革都寄予了厚望，希望依靠新技术的商业化应用来掀起新的产业革命，从而从根本上摆脱实体经济的衰落与危机。从发达国家政府重点支持和推介的新技术来看，除了成本还居高不下的绿色技术和新能源技术之外，真正已经开始商业化应用的就是云计算（Cloud Computing）技术，它被认为是新一代信息通信技术的代表。

从用户角度来看，云计算是一种信息技术资源的交付和使用模式，指通过网络获得硬件、平台、软件及服务等所需的资源，提供资源的网络被称为"云"。云计算应用使用户不需耗资建设自己的数据中心，也不用大量购买价格昂贵的软件，可以直接通过网络获得各类资源，并按使用量付费，大大提高了资源的利用效率，促进了信息的高度共享。云计算作为一个术语最早由 Kenneth·Chellapa 教授提出。1997 年，Chellapa 在美国达拉斯召开的 Informs 学术会议上提出了这个概念，他将其定义为："云计算是一种计算方式，这种计算方式的应用边界将决定于经济学理论而不是单纯技术限制"。云计算技术的商业应用最早始于 2006 年，当时谷歌公司（Google）和亚马逊公司（Amazon）分别提出了自己的云计算解决方案，并开始尝试进行商业推广。Google 于 2006 年推出了

[①]　Kydland, F. E. , E. C. Prescott. Time to Build and Aggregate Fluctuations. Econometrica, 1982（50）.

"Google101 计划",正式提出了"云"概念。2007 年 10 月,Google 与 IBM 开始在美国大学校园推广云计算计划,希望能通过分布式计算技术来降低学术研究的成本,并为这些大学提供必要的软硬件设备和技术支持。随后,亚马逊(Amazon)推出了 S3(Simple Storage Service)和 EC2(Elastic Compute Cloud),这是真正面向市场的商业化应用,标志着"云计算"进入了一个新的发展阶段。之后雅虎、惠普、微软等信息技术领域的跨国公司先后涉足云计算领域,开发了基于自身优势的云计算平台,如微软于 2008 年 10 月推出了专门为云计算模式开发的 Windows Azure 操作系统。直到国际金融危机发生之后的 2009 年初,经过多年商业化尝试和持续应用探索的云计算技术,终于被业界视为未来 IT 产业的发展方向和革命性变革之一。

在我国,云计算的应用还刚刚开始。自 2007 年云计算的概念开始引入以来,云计算在国内一直处于技术发展和概念推广期,但是也引起了企业界和科技界的共同重视,许多互联网和电信运营企业已经开始进行技术预研和应用实验。这一新的技术应用动向也引起了政府部门的关注。2010 年 10 月 10 日,《国务院关于加快培育和发展战略性新兴产业的决定》正式颁布,该文件在 7 大领域之一的"新一代信息技术"领域中,明确指出了应发展云计算。2010 年 10 月 18 日,工业和信息化部与发展改革委联合发布了《关于做好云计算服务创新发展试点示范工作的通知》,确定在北京、上海、深圳、杭州、无锡等五个城市先行开展云计算服务创新发展试点示范工作。地方政府对云计算则表现出了高度的热情。很多省市都结合自己的特色,推出了各自的云计算战略,在前期准备的基础上开始推进云计算的试点和示范。2011 年,云计算市场开始进入成长阶段,产业规模增长较快。综合各方面的判断,"十二五"时期将可能是云计算产业成长的最关键时期。

尽管云计算已经成为包括政府、企业和学者等各界都关注的热点问题，但是对于云计算究竟是不是一项革命性的通用目的技术，这一技术背后蕴含的经济学原理是什么，其应用模式究竟对我国的经济和产业发展有多大的影响，以及其作用的机理和传导机制如何，国内还缺乏严谨的学术研究。因此，有必要从经济学角度切入，深入研究我国云计算应用前景和对产业、经济及社会的潜在影响，探究云计算产业发展的背后是否有较大的"泡沫"，从而在实践中及时发现各地示范试点过程中出现的问题，确立发展云计算的战略规划思路，做好未来大规模发展云计算的布局工作。

二、云计算的内涵与特征属性

目前，云计算（Cloud Computing）还没有完全统一的定义，各方面专家和业内人士对云计算都从各自不同的角度提出了自己的理解，而且每一种定义都在不断地更新过程中。不过，各种定义之间存在一些共识，从这些共同点之中可以大概勾勒出云计算的特征与内涵。

（一）云计算的概念界定与内涵

由于定义者的角度存在许多差异，各种关于云计算的定义侧重点均有所不同。如维基百科（Wikipedia，2009）给出的定义是：云计算是开发用于在因特网（或"云"）上运行的功能丰富的因特网应用的简称。这一定义强调的是网络应用和功能的多样化。加州大学伯克利分校的

Armbrust 等（2009）① 对云计算的定义是：云计算包括互联网上各种服务形式的应用以及这些服务所依托数据中心的软硬件设施（即"云"），云计算就是软件及服务（SaaS）和效用计算。其定义主要强调了云计算的 SaaS 应用模式。Accenture 市场咨询公司的奥尔特等（2010）② 使用的定义则非常实用：通过网络由第三方动态提供诸如硬件、软件或服务等 IT 功能。其重点在于供给方提供服务的方式。国内也有相关的定义，如中国云计算网（2010）将其定义为：云计算是分布式计算（Distributed Computing）、并行计算（Parallel Computing）和网格计算（Grid Computing）的发展，或者说是这些科学概念的商业实现。这种定义比较偏重技术性。毛新生（2011）③ 则强调了云计算的资源池特征，他认为云计算主要是一个非常动态的、灵活的、可以切割的共享 IT 资源池。

相对而言，美国国家标准技术研究所（NIST）的 Mell 和 Grance（2009）给出的定义（目前已经更新至第 15 版）是目前比较全面、也为各界所认可的。这一版定义认为：云计算是指一种方便的、可以按需访问的网络应用模式，它可以实现对共享的可配置计算资源（如网络、服务器、存储、应用以及服务等）的获得，这些可配置资源可以近乎自动地迅速提供和交付，不需要很复杂的人为管理或云计算服务提供商的过多干预。为了方便理解，这一版定义还给出了云计算的五个本质特征：一是用户可以按照自身需要，自助式地获取各种云资源；二是云计算对终端设备的要求不高，可以允许包括手机、笔记本电脑等各种形式的客户端平台进行接入，客户端可以是有线的、固定的，也可以是无限的、

---

① Armbrust, M., Fox, A., et al., Above the Clouds: A Berkeley View of Cloud Computing, UCB/EECS, 2009, 28.

② 艾伦·E·奥尔特，彭亚利等，中国云计算发展的务实之路，埃森哲卓越绩效研究院，2010。

③ 毛新生，云计算经济学，中国科技财富论坛，2010，10（上）。

移动的；三是云计算的资源池特征，云计算服务提供商负责将计算资源集中起来统一管理和运行，并根据各类用户的不提供需求，动态地提供个性化的服务；四是云计算数据中心的快速和弹性配置，可以快速响应客户的需求，随时根据客户需求的变化，灵活地将计算资源进行调整和配置；五是服务的可度量性，云计算系统能够对各种计算资源服务类型进行量化并准确计量，对计算资源的使用情况进行实时监控和报告，向提供商和用户提供相关的透明信息。这一定义并不关注云计算的技术内涵与特征，而是从用户和商业角度出发，将云计算技术在市场应用中的主要优点进行了较为全面、准确的概括，有助于非专业技术人士加深对云计算的认识。

（二）　云计算的技术特性①

本文主要从经济学的角度来研究云计算，并不打算对云计算的技术问题进行深究。不过，为了对云计算有一个全面的了解，本文将会对其技术特性做一个概述。

从技术特性来看，云计算主要包括两大核心技术，一是资源池虚拟化技术，二是分布式并行架构。虚拟化技术的基本功能是，将现实的物理服务器虚拟化为若干个性能可配置的虚拟服务器，从而可以根据用户需求和资源使用的效率对云计算系统中的全部计算资源进行灵活地分配，并对整个虚拟化资源池系统进行自动控制和监测。也就是说，虚拟化技术可以分为两个功能，其一是把物理服务器进行虚拟化，划分为多个虚拟的计算单元，这样就实现了物理资源池的离散化，从而方便对其进行再分配；其二是对由这些虚拟化计算单元组成的云计算资源池进行集中、

---

① 参见工业和信息化部电信研究院，云计算白皮书，2012 年 4 月发布。

动态管理，根据资源的空闲程度和用户申报的需求量，按照特定的规则（程序）对所有的虚拟化资源进行合理安排，从而实现资源的动态化和按需分配，大大提高服务器资源和计算能力的利用率。

分布式并行架构则包含了分布式存储技术和分布式计算技术，是云计算的另一大关键技术。通过分布式架构，可以将大量的服务器或单机整合起来，形成类似于一台大型超级计算机的庞大系统。此系统通过采用分布式文件系统、分布式数据库和 MapReduce 等核心技术，以软件控制代替硬件依赖，采用冗余存储的方式保证存储数据的可靠性，实现海量文件和结构化数据的存储，大大降低了存储成本和服务价格。

简而言之，虚拟化技术大大提高了资源配置和利用效率，分布式架构则使云计算平台具备了集中管理大规模海量数据的能力。云计算的这种技术特性使得用户对 IT 资源的使用方式发生了根本的变化。在云计算技术的驱动下，"租用"计算资源的成本大大降低，需求响应更加迅速，同时用户可选择的范围又大大增加。

（三）云计算应用模式的分类

云计算的应用模式可从两个维度进行分类，一是按照云计算服务对象的范围来划分，二是按照云计算的服务类型来分类。

按照云计算服务对象的范围，可以分为三类，即公有云、私有云和混合云。所谓公有云是指由云服务运营商提供的，可供所有有需求的用户获得服务的云计算系统，它可以为用户提供全方位的服务，包括应用程序、软件运行环境和信息网络基础设施等资源。在公有云中，用户不用自己做任何固定资产投资，也不用自己建设大规模的信息化系统，只需要向公有云服务提供商提出自己的需求即可。云服务提供商则需要按照双方合同约定，保证用户信息的安全性，并保证服务的质量。公共云的突出优势在于价格低廉，由于公有云一般用户群庞大，规模经济效应突出，因此分担到每一个用户身上的成本较小。而且一般来讲，公有云的用户群越大，服务价格就越低，当然也有一个边界。不过，公有云存在一定的安全隐患，用户的信息存储在公共的数据中心，有一定的被泄露的可能性，其一靠公有云搭建的信息化系统也有可能因为云系统故障而难以工作，可控性较差。

私有云则是仅仅服务于大用户自身的云计算系统，一般由用户自己投资建设，使用范围仅限于用户内部，数据中心也完全部署在用户内部，与外部隔离。对于已经有信息化系统的用户来说，这种方式可以充分利用旧有的服务器和电脑资源，与云计算技术进行改造升级，从而实现信息资源利用效率的提高和成本的降低。尤其是对于大型的企业和对数据安全要求较高的政府部门，这种部署模式比较适合，能实现安全性和高效率的统一。不过，相对于公有云，私有云的用户数量较少，其成本降低的程度就不及前者了。

混合云则是把前两种部署方式结合在一起，一部分资源取自公有云，另一部分则在内部建设私有云。用户可以将不涉及商业秘密的非核心部分交给公有云来配置，将安全性要求较高的部分纳入私有云，从而兼得两者的优势。不过，其综合成本的高低还是要看用户的需求量大小。

按照云计算的服务内容和服务类型，还可以将其划分为基础设施即服务（IaaS，又称架构即服务）、平台即服务（PaaS）和软件即服务（SaaS）三大类。有的专家将数据存储即服务（DaaS）单独列为一类，但是也有许多专家将其归入 IaaS 一类。除此之外，也有专家把"云安全"服务和虚拟化服务列为单独的类别。不过总的看来，上述三大类的划分还是业界的主流共识。IaaS 指云计算服务商在网络上直接向用户提供远程的信息基础设施服务，用户不用自己购买硬件并投资建设基础设施，而是直接从云系统中虚拟获得计算能力和存储空间。PaaS 是通过网络向用户提供应用程序开发平台，包括应用编程接口和运行平台等。用户可直接基于云计算系统提供的平台来编写软件及其他程序，比自己搭建应用开发平台要方便和便宜。SaaS 则是向用户提供按照使用量计费的软件服务，用户自己无需购买价格昂贵的软件，而是直接通过网络来使用云系统中的各类软件，并以较低的价格计量付费，这种模式已经成功实现了商业化，是目前较为常见的一种云计算服务形式。

（四）云计算的创新属性

与概念和内涵类似，有关云计算创新属性的认识也存在较大差别。总体而言，云计算肯定属于一种典型的创新。但是，对于这种创新的属性，例如其创新的技术含量、"创造性破坏"的程度等，还存在许多争论。对此，值得从学术上进行探讨和辨析。

1. 产品创新还是工艺创新

著名经济学家 Baumol（2002）[①] 从微观经济学的角度出发，将创新划分为产品创新和工艺创新。如图 1.1 所示，如果一种创新使最终产品的需求曲线 D 向右上方移动至 D'，这种创新就属于典型的产品创新，创新的结果将引起产品价格和销售量的同时上升。如苹果公司的 Ipad、Iphone 等一系列新的产品，应该都属于这一类创新。工艺创新则被定义为使供给曲线或成本曲线相比右下方移动的创新，如图中从 S 向 S' 的移动，此时将引起最终产品价格的下降和销量的上升。

---

① William J. Baumol, The Free - Market Innovation Machine：Analyzing the Growth Miracle of Capitalism, Princeton UP, 2002.

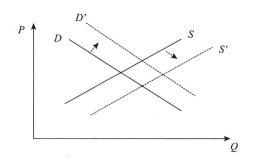

图 1.1　工艺创新与产品创新

按照这个框架来分析，云计算其实只是改变了信息技术软硬件产品的销售方式，从用户购买向用户租用转变，大大降低了用户使用信息技术基础设施和软硬件产品的成本，应该属于典型的工艺创新。

2. *颠覆性创新还是改进性创新*

"颠覆性创新"（disruptive innovation）又称"破坏性创新"，最早由 Christensen（1997）[①] 提出，他将颠覆性技术界定为典型的"更简单、更便宜、比现有技术更可信赖和更方便"的技术，但是这种技术创新往往对原有的市场格局产生非常大的冲击，拥有新技术的新进入者往往会打败原来市场主流的在位者，从而成为新的市场主导者，新技术带来的产品或服务模式也会成为消费者更加青睐的对象。与之对应的概念是维持性创新或改进性创新，这些创新往往来自于市场中的在位企业，这些企业一般会沿着原来的轨迹前进，通过对工艺、产品的不断精细化、高端化改造，从而在原有的用户群体中获得更多的利润。

Christensen 还进一步指出了颠覆性创新的两种主要形式，即低端市场的颠覆性创新和新市场的颠覆性创新，并对两者之间的主要区别和各自的特征进行了阐述。新市场的颠覆性创新主要特点为目标顾客提供技术

---

① Clayton M. Christensen, The Innovator's Dilemma: When New Technologies Cause Great Firms to Fail, Harvard Business Press, 1997.

上更简单易用、更直接为消费者提供帮助的新产品或新性能。而来自低端市场的颠覆性创新，其目标顾客往往是那些被在位厂商视为低端消费群体的用户，这种创新一般伴随着新商业模式的创造，会大大降低产品的成本，从而能惠及更多的普通大众。一个典型的例子是沃尔玛商贸公司对原来传统百货店的冲击，使得大量原有的百货商场退出市场，同时顾客则能够消费更多的廉价商品。

从云计算的特征来看，这一新的技术非常符合低端市场颠覆性创新的特点。一方面，它可能会导致信息技术产品成本的大幅度下降，从而使更多的用户，尤其是原来信息化程度非常低的中小企业能够以较低的成本实现信息化；另一方面，这本身也伴随着商业模式的创新，用户将从网络通过租用来获得信息技术资源，而不是传统的软硬件购买方式。

从目前市场发展的态势来看，像微软这样原来的主流厂商确实受到了来自云计算的巨大冲击，原有的软件销售模式可能会走向终结，微软公司也不得不对云计算进行了大量的投资和研发投入。至于云计算发展的结果，会不会是新的公司替代像微软这样的传统行业巨头，或者至少与其并驾齐驱，还要看今后的市场演变和发展情况。一些业内人士也明确认定云计算属于颠覆性创新，如中国宽带资本董事长田溯宁就认为云计算是一种典型的颠覆性创新，其变革力量不可阻挡，必将对现有的互联网公司、电信运营商和 IT 企业产生巨大的冲击。

3. 技术创新还是商业模式创新

一部分观点认为云计算包含着关键的核心技术突破，属于典型的技术创新。而且这种技术创新也还没有停止，关键技术问题如数据的私密性、数据传输瓶颈、性能的不可预见性、可扩展存储能力、大规模分布式系统下的软件缺陷等都需要突破。虽然我国云计算产业厂商非常多，但是其实还没有掌握核心技术。如广东电子工业研究院的孙傲冰就认为，国内服务器虚拟化核心技术没有突破，当前中国推出的云计算平台，虚拟化核心用得较多的还是开源的或是国外的，中国企业没有一款真正属于自己的服务器虚拟化产品。

另一种观点则认为，云计算没有新的技术，只是现有技术的集成，更多的是新的应用模式创新。如中兴通讯研究院副院长董振江认为，云计算更多的是商业模式，在技术上严格地说不算全新的技术，它是有一些变革，也有一些新技术的应用，但是从技术这个层面上并没有太多的变化。从已有的典型厂商商业模式来看，不同厂商对云计算的技术理解和实现方式也存在很大的差别，因此提供了特征不同的云计算产品和服务。

从目前云计算应用模式的角度来观察，可以看出云计算的商业模式本身其实并没有很新的思路，与电力、供水等产业的应用模式较为类似。换句话说，这种应用的思路其实早就有了，只是因为技术上的难点导致这一应用模式不具有可商业化的经济性。云计算技术恰恰是解决了若干技术上的难题，才使得这一应用模式能在信息技术领域得到发展。因此，云计算本质上应属于一种技术创新，有了这种技术创新才使得商业模式创新得以真正实现。

三、云计算经济效应的最新研究进展

由于当前云计算在世界各国的应用仍然处于市场引入阶段，关于云计算经济效应的学术研究也刚刚开始出现，文献分布呈两个特征：一是云计算龙头企业、市场咨询公司和公共政策研究机构的研究报告相对较多，期刊的学术文献非常少；二是从技术和商业角度出发进行研究和宣传的文章较多，但是见诸于主流经济学刊物的文献仍是凤毛麟角。

总体来看，国内外的相关研究可以分为云计算的技术经济特征、云计算的成本节约及产业组织效应（"云微观经济学"）、云计算的宏观经济效应、云计算应用面临的障碍等几个层面。本文根据这一逻辑脉络，对其中一些代表性文献的研究逻辑、研究方法及主要结论做一个初步梳理，并进行简单的评价和展望。

（一）云计算是不是一种通用目的技术

云计算能否对整体经济产生较大的影响，关键在于它是否能成为一种通用目的技术。Bresnahan 和 Trajtenberg（1995）[①] 最早提出了关于通用目的技术的定义，他们认为，一项通用目的技术至少应包含如下几个特征：第一个特征是具有很强的渗透性，应用范围非常广阔，在许许多多部门（Variety of applications）具有广泛而且普遍深入使用的潜力和技术活力（technological dynamism），可以从技术引入初期的某一个或几个应用领域逐步扩展，最终实现向经济体的多个产业领域的持续扩散。第二个特征是其发展性，此类技术不断发展进步，随着其不断地发展和应用，用户的应用成本呈现出不断下降的趋势；同时，由于技术应用的程度不断加深，生产效率将得到持续提高，各个应用领域的产出绩效得到改善。第三个特征是通用目的技术的应用往往会激发更多的创新活动，为新产品、新工艺以及相关的组织和制度变革提供土壤。一方面，它与其他一些专有技术（SPT，Special Purpose Technology）之间存在着很强的互补性（complementarities），表现出较强的溢出效应（Spillovers），其自身在不断演变与创新的同时，会促使新的技术和产品不断涌现，从而引发收益递

[①] Bresnahan, Timothy F. and M. Trajtenberg: General Purpose Technologies: "Engine of Growth?" Journal of Economics 65: 84, 1995.

增的可能。另一方面，除了技术层面的创新之外，通用目的技术的应用还可能引起生产、流通及组织模式等管理方式的发展变化，引发新的商业模式，改变现有的产品或服务的生产流程，实现资源配置效率的进一步优化。

基于上述特征，一项通用目的技术的发展和进步往往会引发全面的生产率收益，通过在不同领域之间的扩散和应用的不断深化，最终对整个经济体产生重要影响，甚至成为新一时期的主要增长引擎。一项通用目的技术往往会引发一段时期的持续经济增长，同时其技术效应的耗尽也会引发一段时期的经济停滞，这也是真实经济周期理论的一个核心观点。

Lipsey 等（2005）① 总结了人类发展历史中历经的 24 种通用目的技术。除了我们熟知的青铜冶炼技术、印刷术、蒸汽机、电力等以外，计算机和互联网作为信息技术不同发展阶段的代表也被认为是典型的通用目的技术。

云计算既然被称为继计算机和互联网之后信息技术的新一代技术革命，那它是否具有通用目的技术的特征？意大利威尼斯大学经济系教授 Etro（2011）② 认为云计算是一种典型的通用目的技术，它与过去发生的通用目的技术变革有着相同的特征：一开始人们对新技术不容易接纳、保持谨慎，甚至认为是不切实际的想法（visionary ideas），接着开始认识到这种新技术的巨大收益和需要付出的成本，最后被快速并广泛地接受。他还指出，云计算技术对所有使用 ICT 技术、进行 ICT 投资的产业部门都会产生重要影响，对经济体也将产生较大的刺激。国内外的部分文献对

---

① Lipsey, Richard G., Kenneth I. Carlaw, and Clifford T. Bekar: Economic transformation: General Purpose Technologies and Long Term Economic Growth, 2005, Oxford University Press.

② Etro, F., The Economics of Cloud Computing, Annual Conference on European Antitrust Law 2011, February.

此进行了佐证，如 Accenture 公司（2010）[1] 认为云计算技术的应用将为银行业带来新的成本优势和竞争优势；张建文和汪鑫（2009）[2] 也认为云计算技术的推出，将成为银行增强数据的安全性和加快信息共享的速度、提高服务质量、降低成本和赢得竞争优势的一大选择。杨斌和刘海涛（2010）[3] 指出云计算与移动互联网的结合，促使移动互联网向应用形式更加丰富、应用更加广泛、功能更加强大的方向发展。曲佳（2010）[4] 认为云计算的应用一定会对电子商务领域产生重大而深远的影响。这些研究文献都说明云计算的确具有成为通用目的技术的潜力，它的应用不仅限于信息产业，可能对许多行业的发展产生重要影响，进而对经济整体上起到一定的推动作用。

（二）云计算的成本节约效应

尽管几乎所有关注云计算的学者都知道这种新技术会带来 ICT 投资成本的节约，但是对此首先做出深入分析的则是 Harms 和 Yamartino（2010）[5]。他们首次提出了"云经济学"（The Economics of The Cloud）的说法，并指出云计算服务模式的出现再一次从根本上改变了 IT 经济学。他们从供给端、需求端和多用户效率等三个方面分析了云计算带来的显著规模经济优势。从供给端来看，云计算的数据中心规模将更大，利用率也将显著提高，电力成本、基础设施维护人员成本都会显著下降，而且供应商在大批量采购硬件时将获得比小型厂商多达30%的折扣。从需求端来看，他们引入了"变数"（Variability）的概念来加以说明，即用

---

[1] 埃森哲咨询公司，立足世界之巅——云计算给银行带来的竞争优势和成本优势，2010。
[2] 张建文、汪鑫，云计算技术在银行中的应用探讨，金融信息化论坛，2009，6。
[3] 杨斌、刘海涛，云计算对移动互联网发展的助推作用，电信工程技术与标准化，2010，12。
[4] 曲佳，云计算在电子商务上的应用与探讨，江苏商论，2010，2。
[5] Harms, R., Yamartino, M., The Economiocs of The Cloud, Microsoft, 2010, November.

户的需求在不同时间段会有明显变化，比如英国和日本由于时差（两国白天和夜间恰好相反）的原因会在完全不同的时段对 IT 资源产生需求，大型云计算中心恰恰能对此统筹安排，使服务器大大提高利用效率，这种变数还包括随机变数、行业变数、多资源变数等等，这种利用效率的提高就体现了云计算在响应需求方面的规模经济效应。从多用户的角度来看，固定的应用程序人员成本和服务器利用率将在大量用户身上分摊，从而产生规模效应。在这些分析结果的基础上，他们利用微软公司的运行数据建立了一个用于预测长期成本随规模变化的模型，预测结果是一个拥有 10 万台服务器的云计算数据中心，每台服务器的总拥有成本（total costs of ownership）将比一个拥有 1000 台服务器的数据中心降低 80%。他们关于云经济学的研究成果是具有开创性的，在学术界和商业界都引起了较大的反响。

　　一些学者从用户的角度对云计算的成本节约效应进行了实证研究和预测。比较有代表性的是美国布鲁金斯学会的 West（2010）[①] 对政府部门采纳云计算后成本节约的情况进行的案例研究。他通过面访和文献研究等方式对洛杉矶市、华盛顿特区等地方政府，以及美国国防部、航空航天局、空军等政府部门采用云计算后成本节约的真实效果进行了评估。结果表明，在采用云计算以后，政府部门会节约 25% ~ 50% 的 IT 设施及维护成本，并且会更加方便、有效和可靠。著名 IT 咨询机构 IDC（2009）[②] 还指出了政府部门与私人部门成本节约的区别，他们认为私人部门节约成本的效果更明显，幅度可能在 20% ~ 50% 之间，而政府部门的成本节约幅度大概会在 10% ~ 30% 之间。对此国内学者也有一些研究，

---

　　① West, D. , Saving Money Through Cloud Computing, Governance Studies at Brookings 2010, April 07.

　　② International Data Corporation, White Paper: Aid to Recovery, 2009, October 9.

如刘鹏（2010）[1] 认为，由于云计算有更低的硬件和网络成本、更低的管理成本和电力成本，以及更高的资源利用率，与传统方式相比，成本会节省 30 倍以上。不过，国内一些学者的预测由于缺乏坚实的数据基础，其可信度往往值得怀疑。

（三）云计算的产业组织效应

对于云计算应用可能带来的产业组织效应，Etro（2009[2]，2011[3]）进行了深入的研究和阐述。他认为，云计算的应用使得应用 IT 技术的厂商的成本结构发生了较大转变，也就是说，除了总成本和平均成本的节约之外，厂商的 ICT 总拥有成本中的大部分固定成本将转化为可变成本。这是因为在云计算模式下，基础设施是由云计算供应商提供的，这些供应商负担了固定资产投资的成本，以可变成本的方式将 IT 服务提供给各行各业的厂商。由于这种成本结构的变化，对那些大量拥有 ICT 需求的产业，原来的大量固定成本事实上构成了产业的进入壁垒，使得初始资金不足的创业者很难进入。在云计算应用后，这些产业的进入壁垒将大大降低，会有更多的中小企业进入金融、通信、电子商务甚至高端制造业，从而引起更多的竞争和产品供给，大大改善这些产业的竞争状况。

姜奇平（2011）[4] 从分工的角度对此进行了阐述，他认为云计算在经济学角度来看是在进行初始固定投入与边际投入之间的社会分工，分工的结果是一部分厂商专注于初始固定投入，从事基础业务；另一部分厂

---

① 刘鹏，探秘云计算压倒性的成本优势，程序员，2010，10。

② Etro, F., The Economic Impact of Cloud Computing on Business Creation, Employment and Output in the E. U., Review of Business and Economics, 2009, 54, 179–208.

③ Etro, F., The Economics of Cloud Computing, Annual Conference on European Antitrust Law 2011, February.

④ 姜奇平，云计算的经济学解释，互联网周刊，2010，12。

商则专注于边际投入，从事的是增值应用业务。因此，他认为云计算将因为促进了社会分工更加细化而带来报酬递增效应。上述各位学者的分析是从不同角度出发的，但是共同点在于都发现了云计算应用对生产者成本结构的关键变化，以及可能引发的产业组织效率。

（四）云计算的宏观经济效应

云计算的宏观经济效应主要是研究云计算应用对整体经济的影响，包括对国内生产总值（GDP）和就业的影响等。对于宏观经济效应产生的源头和路径，德勤领先创新中心（Deloitte Center for the Edge）的 Hagel（2010）[①] 等做了较为详细的分析。他们认为，云计算应用最终产生宏观经济效应需要经历 4 个阶段：第一阶段是云计算先改变了 IT 服务交付模式；第二阶段将对现有的 IT 资源运行方式产生较大的新技术冲击；第三阶段将对 IT 产业进行重构（restructuring）；第四阶段云计算的经济效应将波及医疗卫生、金融保险、能源电力、文化传媒等许多对一国经济至关重要的支柱产业，从而产生较显著的宏观经济效应。但是，他们的研究并没有对宏观经济效应进行定量的预测和评估。

基于宏观经济模型对云计算的宏观经济效应进行预测的代表性文献来自意大利的学者 Etro。Etro（2009）[②] 利用欧盟国家的数据对云计算经济效应进行了初步测算，并在不同情景模式下对就业和产出进行了预测。他的研究方法是在一个传统动态随机一般均衡模型（DSGE）的基础上引

---

① Hagel, J., Brown, J. S., Cloud computing: Storms on the horizon, Deloitte Center for the Edge, 2010.

② Etro, F., The Economic Impact of Cloud Computing on Business Creation, Employment and Output in the E. U., Review of Business and Economics, 2009, 54, 179–208.

入了 Etro（2007）提出的"内生市场结构"（endogenous market struc-
tures)① 模型并进行修正，并依据此模型对云计算带来的冲击进行模拟。
他的研究思路是从云计算对各个行业成本结构的改变出发，研究这些行
业在进入壁垒降低后将产生多少新的企业，并带来多少产出和就业。从
欧盟国家的数据来看，电信业、信息技术设备制造业、医疗卫生、造船
业、消费电子、造纸业、制鞋业等行业 ICT 成本在企业总成本中占据较
高的比例，因此这些行业在云计算的冲击下市场结构、产出和就业将发
生较大的变化。从总体效应来看，在乐观情境下，厂商将较快接纳云计
算，将使上述行业的进入成本降低5%，从而使整体经济的短期（1年）
产出增长率增加0.15个百分点、中期（5年）产出增长率增加0.3个百
分点；在悲观情境下，社会对云计算的接受程度较低，将使上述行业的
进入成本仅降低1%，从而使整体经济的短期产出增长率增加0.05个百
分点、中期产出增长率增加0.1个百分点。Etro 指出对于就业的预测难度
更大一些，他最终得出结论，云计算的应用将使欧盟国家的失业率短期
内降低0.5个百分点，中期内降低0.2~0.3个百分点。

在后来的一篇论文中，Etro（2011)② 运用两年来的最新数据进行了
再次模拟，对云计算影响 GDP 增长的效果更加乐观，认为短期内最低也
将影响 GDP 多增长0.1%，中期内最多可以使 GDP 多增长0.4%。但是
在这篇论文中他对云计算就业效应的预测则更加谨慎，认为欧洲国家失
业率短期内可能降低0.1~0.3个百分点，中期内降低0.05~0.2个百分
点。他还进一步解释了就业中期增加反而会减少的原因，尽管云计算的
引入会增加许多产业的就业机会，但是也将最终减少这些非 ICT 产业里

① Etro. F. , 2007, Endogenous Market Structures and Macroeconomic Theory, Review of Busi-
ness and Economics, 52, 4, p543－566.

② Etro, F. , The Economics of Cloud Computing, Annual Conference on European Antitrust Law
2011, February.

ICT 人员的就业，同时对于 ICT 部门，由于云计算技术的引入节约了劳动力，就业将出现较显著的收缩。这篇论文在欧债危机的背景下还研究了云计算对政府赤字的影响，结论是云计算的引入在中短期内可能使财政赤字占 GDP 的比重降低 0.1 ~ 0.2 个百分点，影响较小的原因是虽然引入云计算会使政府部门的 ICT 部署及运营成本显著下降，但是政府需要制定激励引入云计算的政策，因此也会增加额外的税收。Etro 还指出，他对云计算经济效应的测算结果很可能是低估了云计算的能量，因为一方面云计算除了改变产业进入成本之外，还会带来可用资源多样化、节能环保等多方面的好处；另一方面云计算技术应用的速度很可能会超过他的假定速度。

Etro 教授的研究成果是具有开创性的，引起了较大反响，其研究成果也被广为引用。世界经济论坛（World Economic Forum，2010）[1] 和欧盟委员会的专家 Schubert（2010）[2] 等较为权威的研究报告都引用了 Etro 教授的主要研究结论。

（五）引入云计算面临的主要障碍

基于云计算技术的诸多潜在经济效应，发达国家政府和企业对引入云计算都持较为积极的态度，不过云计算的引入也不会一帆风顺，还面临一些明显的障碍。首当其冲的就是"云安全"问题。Gens（2009）[3] 在他的分析报告中列出了云计算服务面临的九大挑战，列第一位的就是

---

① World Economic Forum, Exploring the Future of Cloud Computing: Riding the Next Wave of Technology - Driven Transformation, 2010.

② Schubert, L., et al., The Future of Cloud Computing: Opportunities for European Cloud Computing Beyond 2010, European Commission, 2009.

③ Gens, F. IT Cloud Service User Survey, pt. 2: Top Benefits & Challenges, DC exchange, 2009, August. http: //blogs. idc. com/ie/? p = 210.

云计算的安全问题，即用户的商业信息和重要的 IT 资源放置在云上时会觉得很不安全。Wang（2009）[①] 也认为云计算的安全漏洞需要比传统的 IT 外包模式更多，多租户（Multi - tenancy）和缺少透明性等问题令人担忧。Brodkin（2009）[②] 则列举了云计算面临的优先访问权风险、管理权限风险、数据处所风险、数据隔离风险、数据恢复风险、调查支持风险和长期发展风险等 7 个方面的风险。除了商业层面的风险考虑之外，还有国家数据安全方面的担忧，尤其是云计算发展滞后的国家在引入云计算之后，可能会导致关乎国家利益的数据存放在境外的数据中心，安全风险较大。如 Schubert 等（2010）[③] 认为欧盟国家在引入云计算时，应防止大量数据存放在美国的数据中心，以免引起不必要的风险。

第二个障碍是 IT 基础设施可能还不足以满足云计算大规模发展的要求。Schubert 等（2010）[⑤] 对引入云计算做了 SWOT 分析，认为欧盟国家的 IT 基础设施还不能满足云计算大规模发展的需求，云计算使数据资源、软硬件资源将更多地部署在网络中，其核心环节就是稳定的互联网数据中心，并以此承载若干应用服务平台。传统的数据中心分布比较分散，存在高能耗、高成本、低效率等问题，不能满足云计算发展的需求。除此之外，云计算需要更高速的宽带网络支撑，一些网络发展较慢的国家还难以满足要求。

其他障碍还包括云之间的标准和互操作性等问题。Etro（2011）[⑤] 指

[①] Wang, Chenxi, Penn, J., Herald A., How Secure Is Your Cloud? Forrester Research For Security & Risk Professionals, 2009, August. http：//www.forrester.com/Research/Document/Excerpt/0，7211，45778，00.html.

[②] Jon Brodkin. Gartner：Seven cloud - computing security risks, 2009, August. http：//www.infoworld.com/d/security - central/gartner - seven - cloud - computingsecurity - risks - 853.

[③④] Schubert, L., et al., The Future of Cloud Computing：Opportunities for European Cloud Computing Beyond 2010, European Commission, 2009.

[⑤] Etro, F., The Economics of Cloud Computing, Annual Conference on European Antitrust Law 2011, February.

出，云计算在全世界还没有统一标准，各大企业都在发展自己的云系统，但是由于各自的云计算技术架构和应用模式有一定差别，导致标准也难于统一，互操作性都难以实现。这不仅会影响云计算的应用范围，还可能引起产业垄断问题，对用户和产业发展带来不利影响。

（六）对云计算研究进展及前景的评价

云计算技术在近几年才刚刚引入，它的经济效应可能需要较长的时间才能逐步体现出来。目前关于云计算的研究成果主要集中在技术领域，从经济学角度来研究云计算的成果还比较少，因此，对云计算经济学本质和实际经济效应的研究都还有待进一步深入挖掘。

首先，从云经济学理论上来看，不论是云计算的微观经济学还是宏观经济效应，都还有许多问题值得关注和研究。Harms 和 Etro 在这方面的开创性研究为我们打开了"云经济学"之门，初步分析了云计算的成本节约、产业组织和宏观经济效应，其学术价值毋庸置疑。但是，更多关于云计算的经济学分析还有待深入探究，诸如云计算对 IT 所有权和使用权分离的影响、对各产业供给和需求曲线的改变等一些很有意味的问题，目前尚未有更为深入的关注和研究。另外，对于云计算将如何影响 IT 产业的竞争状况，它对 IT 制造业与服务业的比例变化将有哪些影响，以及这些影响将对政府的管理和规制带来什么样的挑战，都还有待进一步研究。

其次，对云计算可能产生的实际经济效应还有待进一步论证。从实证分析的研究思路来看，Etro 的研究是在基于 DSGE 模型的基础上检验云计算技术应用的冲击效应。其实还可以有另外一种路径，即沿着云计算应用和产业的演进路径，按照云计算对信息产业的影响、信息产业对经济增长的影响这样的逻辑顺序，来研究并预测云计算对经济增长的影响。

乔根森等一批优秀的经济学家为了回答"索洛悖论"曾对信息技术对经济增长的影响做了非常深入的研究，国内也有一些专家针对我国的现实情况做过类似的研究①，他们关于增长率分解的研究方法可以为研究云计算经济效应提供宝贵的参考和借鉴作用，在这方面还可以有更多的探索和尝试。

最后，从国内研究情况来看，关于云计算经济学的学术研究成果几乎还未出现，当然也还没有应用国内数据对云计算经济效应进行认真测算和评估的研究论文，可以说在研究上存在较多空白。国内关注云计算的主要是科研人员和一些企业，经济学者们或许由于对云计算技术特征知之甚少，因此忽视了它所蕴含的经济效应。当然，随着云计算应用在我国的不断发展和推进，相信会有更多的经济学者关注这一类问题。

① 参见徐升华、毛小兵（2004）和王宏伟（2009）。

第一章

世界云计算产业的发展情况
及政策分析

一、世界云计算产业的规模与发展格局

（一）云计算产业规模及未来发展前景

作为一个新生事物，云计算产业在世界各国都还没有官方的统计。不过，众多的市场研究和咨询机构已经对云计算的整体产业规模进行了初步的统计，并对云计算产业在未来 5～10 年可能的发展趋势进行了预测。由于对云计算产业的认识目前还未能统一，不同的研究机构对云计算产业的规模统计存在很大的差别。许多互联网企业推出了云服务，但是也还保留了一部分传统的服务模式，因此，要从这些企业的全部营业收入中将云计算的部分剥离出来，也不是一件容易的事。从产业链分工的角度来看，有的机构主要统计涉及云服务的部分，而有的机构则把硬件制造等一些上下游产业都统计在内；从产业面的宽度来看，有的机构

只统计 IaaS、PaaS、SaaS 等比较典型的云计算服务，有的机构则将网络搜索、网络游戏等涉及了云计算技术应用的部分都统计在内。

　　著名的市场研究机构 Forrester Research 于 2011 年在线发布了关于云计算市场规模的一份研究报告①，不仅对当今世界云计算的市场规模进行了统计。还对未来 10 年云计算的发展趋势进行了预测。按照该报告的统计，2010 年全球公共云市场规模为 150.8 亿美元，其中 SaaS 占据了公共云服务的主体，市场规模 134 亿美元，占产业总规模的 88.6%。到 2012 年，全球公共云市场规模将迅速增长至 409 亿美元，比 2010 年翻了一倍多，增长速度和趋势非常迅猛。2010~2015 年期间，整个云计算产业将呈高速增长态势，SaaS 将始终是公共云服务的主体。2016 年至 2020 年期间，云计算产业的扩张速度将比之前的 5 年有所减缓，但仍会保持较高的增速。2020 年全球公共云计算市场规模将达到 1600 亿美元，其中 SaaS、PaaS、IaaS 三种服务形式将分别达到 1325.7 亿美元、119.1 亿美元和 47.8 亿美元。该报告还将业务流程即服务（Business Process as a service，BPaaS）单独列出，作为云计算服务的一种重要形态。BPaaS 在 2010~2010 年期间的发展速度将超过 IaaS，成为公共云服务不可或缺的组成部分之一。而 IaaS 的发展则不被看好，2012 年之后，IaaS 基本处于饱和状态，发展速度较慢，从 2014 年开始甚至还会呈现负增长状态。

　　需要说明的是，Forrester Research 的研究报告预测的主要是公共云服务的产业规模，并没有将私有云统计在内，因此相对而言其统计的云计算产业比较小。事实上，在云计算产业的发展初期，由于对于数据安全的担心，许多大型企业和政府部门都会从私有云起步来应用云计算，私有云在云计算服务市场中的地位是不能忽视的。如果将私有云统计在内，

---

　　①　参见 Forrester Research，2020 年全球云计算市场规模达 2410 亿，《通讯世界》2011 年 11 期。

云计算市场的规模将超过上述数据。

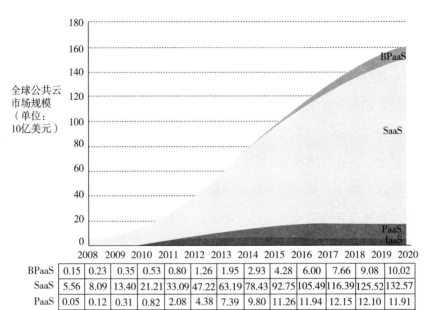

	2008	2009	2010	2011	2012	2013	2014	2015	2016	2017	2018	2019	2020
BPaaS	0.15	0.23	0.35	0.53	0.80	1.26	1.95	2.93	4.28	6.00	7.66	9.08	10.02
SaaS	5.56	8.09	13.40	21.21	33.09	47.22	63.19	78.43	92.75	105.49	116.39	125.52	132.57
PaaS	0.05	0.12	0.31	0.82	2.08	4.38	7.39	9.80	11.26	11.94	12.15	12.10	11.91
IaaS	0.06	0.24	1.02	2.94	4.99	5.75	5.89	5.82	5.65	5.45	5.23	5.01	4.78

图 2.1　2008～2020 年公共云服务市场规模

数据来源：Forrester Research，Inc. www. forrester. com.

另一家美国著名的市场研究机构国际数据公司（IDC）与 Forrester Research 的研究结果相差无几。2007 年，IDC 曾预测在未来的 5 年里，IT 云计算服务开支将增长近 3 倍，到 2012 年可能会达到 420 亿美元，这与 Forrester Research 预测的 409 亿美元十分接近。IDC 在统计时有一个原则，即区分云计算服务和实现云计算服务的平台环境，所以其统计数据相对而言更加谨慎。2011 年，IDC 发布报告①，其统计结果是 2010 年全球云计算服务市场规模为 172 亿美元，该机构还把 2010 年定义为"云计算服务元年"，认为 2010 年将是云计算发展的重要起点和里程碑之一。对于

---

① IDC，Cloud Computing 2010，http：//www. idc. com /.

云计算的发展前景，IDC 非常乐观地预测，云计算服务业的增长速度将是传统 IT 产业增长速度的 6 倍，2013 年全球云计算服务市场规模将增长至442 亿美元。未来 4 年，全球云计算服务市场的平均年增长率可达到26%，超出云计算以外其他 IT 支出部分增速 5 倍以上，在整体 IT 支出中占比也将从 4% 上升至 9%。其中，云存储将是增长最快的云计算服务。

美国市场分析机构盖特纳公司（Gartner）的预测数据明显高于上述两家机构。2010 年 6 月，Gartner 研究认为，云计算在 2010 年的 10 大战略技术中居于首位，是未来最有希望的技术应用，可能将在 2～5 年内成为 IT 服务市场的主流模式之一。尽管在国际金融危机等因素的影响下，2009 年全球 IT 支出比 2008 年下降了 5.2%，但是在全球经济复苏和物联网等新技术、新理念的刺激下，2010 年世界 IT 支出将恢复增长，预计增长速度约为 3.3%，其中云计算应用将成为 IT 行业的主要发展方向和趋势之一。该机构预测 2010 年全球云计算产业规模很可能会达到 683 亿美元，比 2009 年的 586 亿美元增长 16.6%。Gartner 认为未来的 5～10 年中，这一增长趋势是不可逆转的，到 2014 年全球云计算产业规模将达到1488 亿美元。Gartner 预计 2010～2014 年之间，全球企业用于典型云服务（包括 SaaS、PaaS 和 IaaS 三大领域）的支出累计将达 1120 亿美元，到2012 年，大概会有 20% 的企业不会再拥有自己购置的 IT 设备，而是转而接纳更加便宜实惠的云计算服务，在公共云中搭建自己的信息化系统。

2011 年 6 月，Gartner 公司再次发布了"公共云服务预测报告"，认为2011 年全球云计算服务产业规模将可能达到 900 亿美元，到 2012 年预计将达到 1072 亿美元，2015 年将可能达到 1768 亿美元，对云计算的发展前景十分看好。尽管就云计算服务产业规模而言，总量相对还比较低，在全球ICT 产业规模中仅占 2.5%，但云计算应用市场的增长速度则是一枝独秀，在未来几年中，年均复合增长率预计将超过 20%，成为全球新增 ICT 支出中的一支重要的新生力量①。相比之下，Gartner 公司的统计范围显然要比 IDC 和 Forrester Research 更广泛一些。例如，Gartner 将谷歌 AdWrods 广告服务也纳入云计算服务的范围。而这些广告服务只是在广义上应用了云计算，严格地说其中有些广告服务不应完全纳入云计算的统计范围。

产业或市场规模反映的是云计算最终体现出的资金价值，由于云计算的应用会带来信息技术服务价格的明显下降，事实上云计算使用量的增长还要超过以美元来衡量的产业规模。思科公司于 2011 年发布了一份题为《全球云指数》②的研究报告，从流量的角度对云计算的发展前景进行了预测分析。

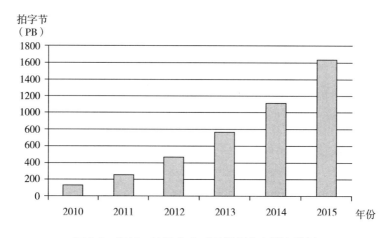

图 2.2　2010~2015 年全球云数据中心服务流量

数据来源：思科公司（Cisco），2010~2015 年全球云指数预测报告。

思科预测在未来 5 年全球数据中心的总数据流量将以 33% 的年均复合增长，到 2015 年，全球数据中心的总流量将增加至 2010 年的 4 倍左右。其中传统互联网数据中心的流量年均复合增长速度约为 25%，而相

---

① Gartner 公共云服务预测报告，2011 年 6 月，www. gartner. com。
② 思科公司，2010~2015 年全球云指数预测报告，《网络世界》，2012 年第 3~4 期合刊。

比之下全球云计算数据中心流量的年均复合增长率将可能到达 66%，比传统数据中心的增长速度高出两倍多。该报告还指出，2015 年全球所有的数据中心中，会有超过 1/3（34%）的数据中心会引入云计算技术进行管理，成为云计算数据中心。从工作负载①的角度来看，在未来 5 年，大量的工作负载会从传统互联网数据中心转移到采用云计算系统的数据中心。思科进一步预测，2014 年时云计算数据中心处理的工作负载将超过传统互联网数据中心，负载比例达到 51%。到 2015 年，云系统数据中心处理的工作负载比重将再次升高至 57%。

除了这些专业性较强的市场咨询公司之外，其他机构如投资银行等也曾对云计算产业的规模和发展前景进行过预测。典型的如美林证券公司曾于 2008 年发布报告，预测全球云计算产业规模将在 2011 年达到 1600 亿美元，其中包括商业和办公软件服务在内的 SaaS 市场规模达到 950 亿美元。这一预测比前面三家机构更加大胆，但是可行度更弱一些。也有一些机构对细分的云计算服务业进行了统计预测，如市场研究公司 Visiongain 于 2012 年初发布的题为"移动云计算行业展望：2011～2016"的报告预测，随着智能手机普及率的不断提高、3G 网络全球覆盖范围的持续扩大和 LTE 服务的逐步应用，全球移动云计算市场在 2011 年至 2016 年间将进入高速增长期，年复合增长率将达到 55.18%，到 2016 年移动云计算产业规模将达到 450 亿美元②。

总而言之，各类机构尽管在统计范围和具体数据上存在分歧，但是对云计算产业的未来发展前景则均十分看好，一致认为云计算服务将是未来 IT 支出的主要方式之一，将在未来 5～10 年保持迅猛的增长速度，

① 简单地说，工作负载就是执行服务应用的数据中心服务器的任务处理总量。
② 叶子，2016 年全球移动云计算市场规模将达 450 亿美元，http://www.elecfans.com/news/wangluo/20120104257019.html。

远远超过其他 IT 子产业。

（二）云计算产业应用发展格局

1. 世界云计算市场格局

Gartner 公司（2011）[①] 对全球云计算服务市场的发展格局进行了统计和预测。2011 年，在全球约 900 亿美元的总市场规模中，云计算技术和产业的领跑者美国所占份额最大，其云计算服务市场规模约占全球总量的60%，包括英国在内的西欧国家约占全球总量的 24.7%。在亚太地区，日本的云计算发展具有较大的优势，在全球云计算市场份额中约占 10%。相比之下，尽管中国的云计算已经炒得沸沸扬扬，众多企业趋之若鹜，但是其市场份额只占到 3%。其他国家和地区的云计算市场总计还不到 2.5%。

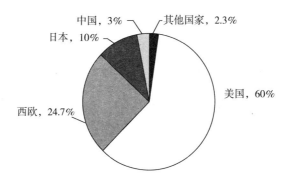

图 2.3　2011 年全球公共云服务市场分布格局

数据来源：Gartner 公共云服务预测报告，2011 年 6 月，www. gartner. com.

美国由于是世界云计算技术应用和产业发展的领军者，因此其先发优势将在未来 5～10 年继续得到保持。欧洲由于制度等各方面面临一定的障碍，当前的发展态势不如美国。这一点从欧美运营商的投资情况可以体现出来，根据市场研究机构 Informa 于 2012 年发布的一份研究报告所提

[①]　Gartner 公共云服务预测报告，2011 年 6 月，www. gartner. com。

供的数据，欧洲运营商在云计算领域的投资与北美、甚至亚洲都存在较大的差距。该报告统计，2011年全球运营商投资于云计算领域的资金总额大约为135亿美元，其中来自北美和亚洲的投资占到了90%，达到120亿美元。相比之下，来自欧洲的运营商投资总额仅占全球总投资的7%。

尽管云计算产业的市场格局短期内不会发生根本性变化，但是随着亚洲和部分欧洲国家云计算产业的不断发展，美国的市场份额将会不可避免地出现下降趋势。Gartner（2010）预测，到2014年，美国云计算市场在全球中的份额可能会减少到50%左右，欧洲的市场份额将有可能增加至29%，日本的市场份额则可能进一步增长至12%。

2. 世界各国云计算发展潜力和环境比较

总体而言，除了美国的云计算商业应用较为成熟之外，其他国家和地区都还处于发展初期。在未来5~10年中，在那些政策环境、制度法律、商业氛围等各方面都比较成熟的国家，云计算产业和市场的成长速度很可能是出乎我们意料的。因此，对这样一个新兴产业的发展，世界各国在基础环境方面的准备是至关重要的。

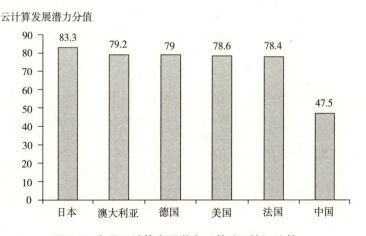

图2.4　各国云计算发展潜力（基础环境）比较

数据来源：Business Software Alliance，Global Cloud Computing Scorecard，www.bsa.org。

由微软、Adobe、CA、苹果、Sybase 和赛门铁克等一些著名的 IT 企业组成的商业软件联盟（Business Software Alliance，BSA）对各国发展云计算的基础环境进行了比较分析。BSA 发布的"全球云计算计分卡"[①] 报告对占全球 GDP 总量 80% 的 24 个国家的云计算潜力指数进行了评分和排序。评分主要分为 7 个方面：数据隐私保护、数据与信息安全、互联网犯罪情况、知识产权的保护环境、技术标准与兼容性、对自由贸易的促进程度、IT 基础设施的稳定性和宽带发展程度。在分项评分的基础上，加总得出每个国家的分值。

比较结果显示，发展中国家与发达国家在云计算发展基础环境方面的差距十分明显。日本以总分值 83.3 分排在世界各国之首，第二至五名分别为澳大利亚（79.2 分）、德国（79 分）、美国（78.6 分）和法国（78.4 分）。"金砖"国家作为发展中国家的主要代表，全部排在 15 名之外，其中俄罗斯（52.3 分）、南非（50.4 分）、印度（50 分）分别排在第 16、18 和 19 位，中国仅以 47.5 分排在第 21 位，位列这 24 国的倒数第四位，巴西（35.1 分）则排名最后。

云计算发展遇到的最大难题之一就是在公共云上数据能否得到安全的保护，而不至于发生泄露或被竞争对手窃取。BSA 的报告显示，发展中国家的云安全环境远远不及发达的市场经济国家。在数据隐私保护方面，排名靠前的发达国家分值都在 6.5 分以上，而发展中国家则普遍低于 5 分，中国只有 2.5 分。信息安全方面，发达国家的得分一般在 7~8 分左右，而中国得分仅为 2.0。在网络犯罪预防方面，发达国家得分在 9~10 分左右，中国得分不足 5 分。总体而言，中国等发展中国家在保障数据安全方面做得还远远不够，不管是在法律层面还是在

---

① BSA, Global Cloud Computing Scorecard, A Blueprint for Economic Opportunity, 2012, www. bsa. org.

技术层面，信息安全问题都会成为云计算技术应用和产业发展的重要障碍。

发展中国家与发达国家的另一个巨大鸿沟是信息网络基础设施的发展程度和稳定性方面的明显差距。发达国家在网络基础设施方面的得分普遍在 20 分左右，而发展中国家一般在 10 ~ 12 分之间。云计算作为一种新型的 IT 服务交付模式，其发展必然要依赖足够的互联网带宽和较少的网络延迟，否则网络拥塞将使云计算服务难以顺利到达消费者一端，它们之间的关系就像汽车产业发展对公路建设的依赖一样，没有足够的带宽就没有云计算产业的高速发展。中国的互联网不仅与欧美国家存在较大差距，也远远比不上实施了"宽带战略"的日本和韩国。日本、韩国在网络基础设施方面的得分都超过了 20 分，韩国以 21.7 分位列 24 国之首，而中国只得了 11.2 分，显示出基础设施方面的薄弱。

二、云计算产业链与产业组织态势

云计算技术的出现和应用改变了 IT 产业的分工形态，也使 IT 产业呈现出一些新的组织形式。从国外云计算产业发展的实践来看，这一产业链已经具备了雏形，越来越多的传统企业和新的创业者正以前所未有的积极态势加入到云计算产业链中来。

（一）云计算产业链形态

从国外围绕云计算产业形成的生态系统来看，参与其中的企业形形色色、大大小小皆有，充满生机但又显得有些复杂。本文试图从较高的视角来观察云计算产业的链条，将其简化为图 2.5。

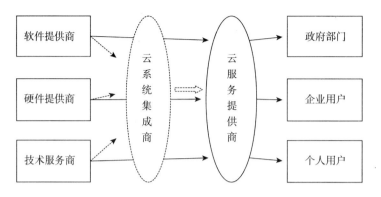

图 2.5　云计算产业链示意图

　　如图 2.5 所示，云计算产业链大体上可以分为基础条件提供商、云计算系统集成商和云计算服务商等三个重要环节。其中云基础条件提供商又可以分为软件平台提供商、硬件设备提供商和技术服务商。软件提供商主要是提供云计算系统所需的软件资源和服务，硬件设备提供商包括芯片及服务器制造商、计算机硬件制造商和通信网络设备制造商等，技术服务商则是掌握云计算应用技术、为云系统集成商或云服务提供商提供基础支持和虚拟化等技术服务的厂商。云系统集成商则负责将软件和硬件设备以云计算模式整合在一起，做成一个"云"系统，典型的形态往往是一个具备网络通信条件和自动管理性能的云计算数据中心，然后提供给云服务运营商来负责云系统的运行和服务销售。云服务提供商又包括 SaaS 服务商、IaaS 服务商、PaaS 服务商以及 BPaaS 服务商，直接面向政府部门、广大企业和个人消费者用户。图中将云系统集成商画为虚线的意思是，许多云计算服务提供商具备了良好的系统集成能力，不必再需要求助于云计算系统集成商来搭建云计算服务系统，而是自己来完成数据中心的建设和整合工作。一些实力较强的 IT 企业甚至可以涵盖云计算产业链的三个部分，如微软公司，它既是软件平台提供商、又是云系统集成和服务提供商。但是这样的企业也有一个问题，由于所设计产业链环节较多，所以难以在某一环节上体现出较为突出的比较优势。

图2.5只是显示了一个较为简单的云计算产业链。事实上还有许多相对而言处于外围的广义上的云计算企业。比如有的企业专门提供云计算市场咨询服务，为企业分析云计算市场的发展态势和前景，帮助企业制定合理的云计算发展战略。还有的企业专门提供数据中心的"绿色"机柜，这种机柜的散热性能较好，对大规模的云计算中心来说机柜的性能其实也很重要。这些外围企业也在为云计算产业的发展做着自身的贡献，其作用也不可忽视。

（二）典型厂商及其竞争优势

尽管云计算的兴起也吸引了非常多的创业企业加入这一新技术产业的竞争中来，但是到目前为止，大部分在云计算领域占据主要地位的企业都来自原来的各类IT企业。几乎所有传统的IT和互联网企业都在向云计算领域转型，它们包括原来的互联网服务商、软件和硬件设备制造商，以及电信领域的运营商等。这些企业各有各的竞争优势，谁能在未来云计算产业的发展中最终胜出，目前还难以预测。

1. 互联网服务商：云计算商业化的领跑者

云计算技术商业化的兴起其实就源自于Google和Amazon等互联网企业的率先实践。这些互联网龙头企业本来就拥有大量的服务器和数据中心，而且基于数以千万计的网民，具有处理海量数据的需求和能力。这一类企业的竞争优势就在于它们大量的IT基础设施和固定用户群带来的商业化应用优势，而且，在商业化实践过程中，一些互联网企业探索并拥有了自己的核心技术，建立了一定的技术优势。最典型的厂商就是Google和Amazon两家公司。

Google是云计算的领头羊之一，它原本就拥有非常多的IT基础设施，分布在 200 多个地方的数据中心，拥有多达 100 万台以上的服务器规模。Google 在分布式存储和计算方面有着明显的技术优势，善于将大量的新的和旧的服务器以云计算技术整合起来，形成高效的云系统。它还与 IBM 公司开展合作，对数据中心进行了巨额投资，不断探索云系统的信息安全性能，在互联网搜索、存储、SaaS、翻译等许多方面开展了最广泛的云计算应用。

Amazon 公司则是从电子商务（销售图书）起家，也是开拓云计算新兴市场的领跑者之一，目前其最大的竞争优势在于强大的 IaaS 服务。在发展初期，Amazon 是将云计算技术引入了自己的商品在线零售平台，对降低企业成本非常有效。基于此，Amazon 开始尝试将自己的云计算平台开放给外部人员使用，并逐渐发现了云计算技术带来的盈利机会。目前，Amazon 的云服务拥有 190 多个国家的几十万用户，是为数不多的已经利用云计算业务获得可观利润的公司之一。据统计，Amazon 早在 2008 年就实现了 1 亿多美元的利润，成为目前最成功的公司。Amazon 的云服务系统命名为 AWS（Amazon Web Services），是最好的 IaaS 服务系统之一。其中最突出的服务模块包括 S3（Simple Storage Service，提供云存储服务）和 EC2（Elastic Compute Cloud，弹性计算云，提供计算处理能力）。Amazon 云计算网络服务的定价比较低，非常适合那些投资能力不足的中小企业。如 10 亿字节的存储服务，Amazon 每个月只收取 0.15 美元的租金，计算能力服务的收费略高一些，但是也只有每小时几十个美分。大量的中小企业基于 Amazon 的云服务建立了自己的信息化系统。

2. 传统软硬件厂商：全面向云计算转型

传统的 IT 企业，包括原来的软件生产商、通信设备提供商以及终端设备制造商，大都已经清醒地认识到了云计算应用对传统 IT 产业运营模式带来的巨大冲击，纷纷将自己的未来投资和研究开发重点逐步转向云计算。这些相对传统的 IT 企业在产业链和价值链中都有自身固有的赖以生存的竞争优势，这些不同的竞争优势也是这些 IT 厂商在向云计算转型过程中力图保持的部分。典型的软件企业包括微软、Oracle、Salesforce 等业内龙头，硬件企业则有 IBM、HP 等著名大企业。

大部分软件企业如 Oracle 等都是从 SaaS 起步，改变原有的软件光盘销售模式，通过互联网以按使用次数收费的方式在线提供软件服务，相对而言，这样的转型是比较易于操作的。但是微软对此并不完全接受，它认为传统的软件出售方式应该与 SaaS 结合起来，提出了软件加服务（Software + Service）的理念。显然微软并不想完全失去自身在用户电脑端的绝对竞争优势，而是想基于这一竞争优势打造自己的云计算战略，尤其要盯住那些微软操作系统的忠实用户群。针对许多业内人士指出的用户端可能会越来越简单的云计算发展趋势，微软认为用户端的作用仍然不可忽视，提出了"云 + 端"的概念，认为尽管在云时代更多的资源将纳入到云计算数据中心，但是用户端的软硬件也是需要与云端良好匹配的。尽管有着自己的独特认识，但是微软公司向云计算转型的战略还是显而易见的。微软计划在全球选址，尽快建成 20 个大规模的云计算数据中心，平均每个中心可能将耗资达 10 亿美元左右。2008 年 10 月，微软发布了自己的云计算系列产品，包括新的云计算模式下的用户端操作系统 Azure，电子邮件软件 Exchange 电邮的在线使用版和办公系列软件 office 的在线操作版。2010 年 1 月，微软在较长时间的酝酿之后正式推出了 Windows Azure 云计算平台，这个平台可以提供 PaaS 和 IaaS 服务，用户可以在这个平台上编写自己的应用软件，也可以租用计算能力和存储空间。微软公司还推出了私有云构建服务，基于 Windows Azure 为客户搭建私有云系统，帮助客户实现云计算转型，提高 IT 基础设施使用效率。

IBM 公司是硬件厂商中向云计算转型的领军者之一。IBM 将云计算视为其"智慧地球"战略不可或缺的一部分。IBM 大中华区云计算中心总经理朱近之阐释了云计算、物联网和智慧地球三者之间的关系，即"智慧的地球与物联网的实现 = 传感设备 + 传输网 + 基于云计算的数据计算和处理平台①"。从"智慧地球"的构架来看，可以将其看作是以互联网为核心的计算、存储和传输，再加上以传感器为终端的物联网络；而云计算恰恰是互联网未来发展的主要模式和方向。因此可以认为，云计算技术是构建"智慧地球"或者物联网所不可或缺的核心技术，也是实现虚拟化、智能化的必要手段；反过来，可以把"智慧地球"看作云计算技术的一种应用模式或商业模式。早在 2007 年，IBM 就发布了基于云计算技术的"蓝云"平台，为企业的 IT 基础架构管理提供了解决方案，帮助企业实现所有信息技术资源的统一部署和监管，降低了企业的信息化成本。为了领导云计算技术的应用，IBM 公司还主动牵头业内一些著名的企业，包括 EMC、AMD 等几十家公司，共同发布"开放云计算宣言"（Open Cloud Manifesto），对云计算的发展、相关标准的制定发挥了一定的引领作用。总的来讲，IBM 的云计算战略还是基于自身在硬件制造商累积的强大竞争优势，主要帮助企业客户搭建和使用云计算系统，例如 2009 年 IBM 公司推出的"6 + 1"解决方案，为企业提供各种能解决计算资源需求的方案。其中的"6"是指软件开发测试云平台、SaaS 云服务、合作创新云、高性能计算云、云计算数据中心建设和企业云系统，"1"是帮助企业搭建一个能够实现快速可控部署的云计算环境。

3. 电信运营商：IaaS 优势初显②

相对于互联网运营企业和软硬件提供商，电信运营在 SaaS 服务、云

---

① 朱近之主编，《智慧的云计算——物联网发展的基石》，电子工业出版社，2010 年 3 月第 1 版。

② 参见刘多，云计算产业发展状况以及对运营商云计算的建议，《中国新通信》2011 年22 期。

计算技术等方面明显不占优势。但是电信运营商也有自身不可比拟的竞争优势，那就是在多年电信产业发展过程中积累起来的基础设施优势。电信运营商不仅拥有大量的互联网数据中心，还掌控着云计算服务的交付通道——即互联网络，拥有将数据从云端直接传送到用户终端的功能。因此，电信运营商在转向云计算领域时，初步确立了 IaaS 服务中的基础优势。

电信运营商中较早涉足云计算的是美国的 AT&T 公司。AT&T 对云计算带来的冲击十分敏感，从 2006 年就开始进行云计算布局，收购了 USi 公司，并将该公司位于世界各地的多个互联网数据中心进行了整合，推出了网络托管服务，这就是 AT&T 云服务的开端。2009 年，AT&T 又相继发布了云存储服务 "AT&T Synaptic Storage as a Service" 和云计算服务 "AT&T Synaptic Compute as a Service"。

AT&T 在全球建立了强大的数据网络，遍布 180 多个国家和地区，拥有 38 个数据中心和 88 万公里长度的光纤网络。凭借着强大的基础设施和原始用户优势，AT&T 提供的云服务满足了企业数据存储和功能计算的广泛需求，而且按使用量付费，避免了企业客户的信息化浪费。用户可以较为方便地在 AT&T 提供的基础设施中开发自己需要的增值服务。尽管在私有云建设服务方面并没有天然的优势，但是 AT&T 为了更全面地介入云计算领域，通过与 IBM、Cisco 等 IT 制造和服务企业紧密合作，也为广大企业用户提供私有云建设和管理服务，以满足大型企业建立可控、便捷、安全、便宜的内部云计算和云存储系统的需求。

（三）云计算的产业组织特点

作为一个新兴的产业，云计算表现出非常大的市场活力。从产业组织的角度来观察，云计算产业由于吸引了几乎所有 IT 业内的大企业和小企业，使得这一领域的竞争和整合的活跃程度超过了大多数传统行业。这也从一个侧面说明，云计算确确实实具备了一项重大通用目的技术的潜力。

1. 特点一：产业竞争较充分，集中度不高

尽管还找不到官方的统计数据来证明云计算产业的竞争程度，但是从一些研究机构的初步调查数据已经可以看出，云计算产业的竞争程度已经相当激烈。在这个活跃的新兴市场中，来自原来不同领域的大小企业显然对云计算的发展前景十分看好，无论短期盈利如何，都要进行前瞻性介入，以取得足够的先发优势。

正如前文所分析的，相比其他服务模式，SaaS 目前在云计算服务中占据绝对优势，也是云计算产业利润的主要来源。据一些市场研究机构的不完全估计，目前有一定规模的提供 SaaS 的公司至少有 2000 家左右。IDC 曾于 2010 年[①]对从事 SaaS 云服务的 80 多家企业进行了市场占有率的调查分析。调查结果显示，Salesforce.com 公司在 SaaS 领域的市场份额排在首位，约占整体 SaaS 市场的 8.7%，其他市场份额比较大的企业还包括谷歌、微软、思科以及赛门铁克等，但是这些大公司的市场份额也不超过 5%。由此可见，尽管我国熟知的 IT 业界巨头都加入了竞争行列，但是由于大家都是初次进入这样一个新领域，都不具备原来的业内龙头地位。总体而言，SaaS 云计算领域的市场集中度并不高，而且还有大量的企业正跃跃欲试地准备加入这一新兴产业。

即使在市场规模相对较小的 IaaS 和 PaaS 领域，也有数量繁多的企业在参与竞争，或正在进行战略布局[②]。例如 IaaS 领域，据有一定规模的大型企业就达 30 多家，既有在云计算时代创业的新公司，也有从传统 IT 领

---

① IDC，Cloud Computing 2010，http：//www.idc.com/.

② Christine Burns，云计算已打破厂商间壁垒，http：//www.cnw.com.cn/.

域转型过来的企业。在 PaaS 领域，Forrester 对 40 家企业的发展情况进行了调研分析，这些企业对自身的前途都充满了信心，认为自己能在未来竞争中占有一席之地。

对于一些大型企业，仅在一个领域发展已经不能满足战略要求，它们试图集 SaaS、PaaS 和 IaaS 三大服务模式于一身，以获得更多的竞争优势。如微软公司在提供 Office365、SharePoint Online 和 Dynamics CRM Online 等 SaaS 服务的同时，还推出了基于 Azure 平台的 PaaS 服务。

2. 特点二：并购活动日益活跃

充分竞争的结果之一就是引发大量的并购活动。云计算领域的并购活动在竞争机制的推动下日益活跃，几乎所有的大型云计算厂商都开始进行并购，以获得更全面的市场竞争优势。

根据安永事务所的调查和统计，涉及云计算的并购案在 2011 年全球 IT 产业细分领域的并购活动中，总金额居于首位，显示出云计算产业的活跃程度远大于其他传统的 IT 领域。表 2.1 列出了 2011 年在云计算领域部分并购金额超过 1 亿美元的并购案。

表 2.1　　2011 年云计算产业部分金额过亿（美元）的并购案

收购方	被收购方	金额	涉及领域
谷歌	摩托罗拉移动	125 亿美元	移动云服务
微软	Skype	85 亿美元	互联网通信
甲骨文	RightNow	15 亿美元	CRM 云服务
甲骨文	Endeca	10.75 亿美元	电子商务
IBM	DemandTec	4.4 亿美元	云分析服务
IBM	Algorithmics	3.87 亿美元	风险管理软件服务

数据来源：根据互联网公开信息整理。

从并购特点来看，大概可以分为以下几类：一是依靠自身的云计算技术和市场优势，收购传统行业的企业，进行云计算改造，拓宽自己的云计算服务范围和用户群，如 IBM 公司对 Algorithmics 的收购，意在整合风险管理软件的在线云服务能力。二是针对自身云计算服务受限的瓶颈进行收购，以获得全面的软硬件能力，如谷歌对摩托罗拉移动的收购，目的就是在移动终端方面消除竞争劣势，获得移动云服务的全面能力。三是固化和加强原有的云计算竞争优势。如微软公司对 Skype 的收购，就是要在用户终端获得更多的影响，以推行所谓的"云 + 端"发展战略。

充分的竞争和活跃的并购活动体现出云计算产业的发展活力，也符合一个新兴的朝阳领域的产业组织特征。在市场机制中，随着竞争的加剧和并购的增多，产业的集中度将不断提高，最终胜出的是真正满足用户需求、从而有更好市场表现的优秀企业，也必然会有一些只炒概念、缺乏真正能力的企业被淘汰出局。

三、发达国家发展云计算产业的战略与政策

云计算技术的产生和商业化的动力应该说最初完全来自于市场，竞争压力的推动是它走到今天的主要动因。但是，一方面，一个新技术和新产业形态的发展前景面临较多的不确定性，政府可以在一定程度上助推一下，以减少企业和产业的发展风险，加速释放云计算对宏观经济的冲击效应，带来更多的增长动力；另一方面，一个新产业的诞生会对现有的制度框架产生冲击，包括制度、政策、基础设施在内的现有产业环境可能难以完全解决云计算产业发展面临的各种瓶颈，因此，政府需要在产业发展的制度保障方面作出前瞻性安排，为新产业发展露出一条相对平坦的大路。如果将云计算产业比作一辆新型汽车的话，那么政府要做的事情就是，一是将前方的高速公路修好，避免因路况问题影响汽车

前进；二是为这辆新汽车提供各种助推力量，二者缺一不可，但是前者更加重要。

（一）美国

美国无疑是云计算应用发展的领跑者，具备较好的发展基础。其优势首先就在于良好的信息网络，其网络就绪指数（Networked Readiness Index）在世界排名第 5 位，而中国仅列第 37 位[①]。美国不但在云计算的商业化方面走在世界前列，政府对云计算的积极态度也非常鲜明，其主要目的就是为了寻找新的增长动力，再次占领技术创新的制高点。根据 IDC 在其研究报告[②]中的预测，2009 年至 2014 年之间，美国的公共云服务收入将保持较快增长，年均复合增长率达到 21.6%，到 2014 年，公共云服务收入总额将可能达到近 300 亿美元。

在云计算产业发展过程中，谷歌、亚马逊、微软、IBM 等大型 IT 企业是主力军，相对而言政府只扮演了次要角色，主要政策措施包括以下几个方面。

1. 率先开展示范应用和厂商推介

美国联邦政府于 2009 年启动了一个名为 Apps. gov 的云计算服务网站，这个网站被联邦政府的首席信息官（CIO）昆德拉称为"一站式云计算服务源"。该网站是联邦政府为推动云计算产业发展率先启动的示范应用项目，能提供包括商业服务（如 CRM、ERP 等）、社交媒体服务（如搜索、微博等）、办公应用等几千个云服务项目，还计划提供云存储、网

---

① WEF（世界经济论坛），The Global Information Technology Report2009 – 2010，www. weforum. org/.

② IDC 研究报告，美国各个行业公共 IT 云计算服务：市场机会的更多细节，2012 年 2 月 8 日发布。

站托管等一系列云服务项目。Apps. gov 网站使用的云计算软件为用户提供了导向，其含义是这些软件已经得到了联邦政府的认可，广大用户和其他各级政府可以放心地进行试用，从而达到了推广云计算的目的。

此网站的另一个功能是对优秀的云计算服务企业进行推荐和介绍。一些知名的云计算服务商，如前文提到的谷歌、Salesforce. com、Carahsoft Technology、Combinene 等，都被 Apps. gov 网站列为推荐对象。政府的推介对这些知名企业在云计算领域进一步投资、推出更多更全面的业务等方面都具有非常积极的作用，对企业开拓市场的帮助也是很大的。

2. 政府所属机构研究发布云计算定义，推动云标准制定

美国国家标准技术研究所（NIST）在云计算技术和产业的发展过程中功不可没。该机构专门成立了关于云计算的研究团队，一边通过试建云计算平台来了解它的特性和实践效果，一边不断地发布和更新关于云计算的定义，目前该定义的版本已经更新至第 15 版，对云计算的基本特征概括得十分全面，得到了企业界和研究界的广泛认可。

NIST 的另一个角色则是一个云计算标准组织，积极参与云标准的制定。NIST 和其他一些云标准组织，以及云计算领域的知名企业广泛开展合作，引领云计算标准的研究和制定工作，并以此促进云计算在联邦政府部门的率先应用。NIST 已经于 2011 年 7 月发布了一个"云计算标准路线图"，对云安全、云计算系统的可转移性、不同云系统之间的相互兼容性等一系列与云标准相关的问题进行了深入的研究与调查，初步提出了云计算的基本标准以及存在的一些主要问题，并对未来云标准如何不断完善提出了展望。

3. 大规模采购云服务，引领云计算市场拓展

2009 年 9 月，美国联邦政府 CIO 昆德拉曾公布了一份联邦政府发展应用云计算的长期计划。该计划提出，在前期示范应用的基础上，联邦

政府将于 2012 年开始规模采购云计算服务。

出于大幅节约政府部门 IT 支出的考虑，奥巴马政府对用云计算技术改造现有的联邦政府信息系统非常积极。CIO 这个新的政府职位的设计就是为了大规模推广和采购云计算服务。在昆德拉牵头制定的联邦政府云计算发展计划中，他提出在 2015 年之前，将联邦政府拥有的 2100 个数据中心进行统筹改造，利用云计算技术进行整合，从而达到削减 800 个数据中心的目标，政府 IT 支出将大大降低，同时效率还会进一步提高。昆德拉希望联邦政府各部门和地方政府能够逐步将一些工作转移到云计算系统中，包括公共云系统和专门为政府部门建设的私有云系统，从而大大提高工作效率。

联邦政府对云计算的使用直接扩大了云计算的市场，使许多业内知名厂商获得了来自政府的大额采购订单。典型的如微软公司承接了来自农业部的云计算软件供应合同，向其提供电子邮件等云服务；谷歌则得到了来自美国总务管理局（GSA）的一个价值为 670 万美元的服务供应合同，主要也是提供电子邮件服务。以需求引导的方式促进云计算产业发展，还有利于在服务实践中探索云计算安全、服务性能和标准等一系列潜在的问题，从而推动云计算服务质量的不断提高，使广大私有部门用户对云计算服务越来越放心使用。

（二）欧洲国家

在云计算应用发展方面，欧洲国家由于法律法规限制等各种原因，目前还远远落后于美国。不过，欧盟对云计算技术和产业的重视程度是毋庸置疑的。2011 年 5 月 16 日，欧盟委员会开展了一次关于云计算应用的公开咨询，对云计算技术的经济潜力给予了充分肯定，并认为到 2014 年，欧洲国家的云计算产业规模可能会达到 350 亿欧元之多。欧盟委员会和欧洲各国政府在推动云计算发展方面已经做了一些前瞻性工作。

1. 欧盟将云计算发展列为未来战略，部分国家提出行动计划

欧盟委员会已经将云计算技术的研究和应用作为其"数字化议程"①的重要内容之一，列入《欧洲 2020 战略》。在 2012 年欧洲云计算大会上，欧盟再次肯定了云计算的发展前景和对经济社会的助推作用，并宣布欧盟将会推动建立所谓的"云计算友好型社会"、"云计算进取型社会"，并计划将在研发、投资、法律法规建设等各方面做出努力。

欧洲各国如德国、英国等国家的政府对于发展云计算也非常积极。以德国为例，在政府部门的推动下，经过行业协会、研究机构和企业界的共同努力，德国已经制定了所谓的"云计算行动计划"。该计划提出，应充分开展国际合作，建立相关的法律框架，制定尽量与国际趋势相一致的行业标准，并将通过定期发布指南、网络信息公开等方式来为广大用户和企业引导未来的发展方向②。

2. 以政府采购等方式推动公共部门与企业的合作，引导产业发展

在 2012 年 1 月举行的"世界经济论坛"上，欧盟委员会又宣布了一项"云计算公私伙伴关系行动计划"。而且，欧盟委员会将出资 1000 万欧元来推动这一计划的实施，主要以政府采购的方式来带动政府部门和企业界加强合作，共同探索云计算发展中的关键问题并努力解决，以推动欧洲云计算的健康发展。

该计划提出了三个阶段的任务：第一阶段主要探索有关政府采购的规则问题，包括云计算安全法规、政府采购标准和相关的企业竞争规则等；第二阶段欧盟将正式提出政府采购云计算服务的具体计划和方案；

---

① 欧盟委员会于 2010 年 5 月提出并发布，该计划为期 5 年，是《欧洲 2020 战略》的 7 大计划之一。

② 参见邱刚、李军，主要国家云计算战略及启示，《物联网技术》，2012 年第 2 期。

第三阶段将开始在欧洲范围内进行云计算采购的实践。采购的范围将涉及医疗、教育、公共信息服务平台等一系列公共服务领域，将对企业的云计算实践起到重要的示范和引领作用。

3. 针对云安全问题制定相关文件，为云计算发展构建良好环境

在美国云计算商业化的起步阶段，欧盟所属的网络与信息安全局（ENISA）就开始意识到了网络安全问题对云计算产业发展的重要性，并于 2009 年开始对云安全问题进行了研究，发布了《ENISA 云计算信息安全保障框架》，对各国政府开展云计算采购提供了安全评估的指导框架。在欧盟准备启动全面云计算采购的大背景下，又于 2011 年发布了题为《政府云的安全性和复原力》的研究报告，为各国构建政府云系统提供了参考依据。2012 年 4 月，ENISA 正式颁布了《云计算合同安全服务水平监测指南》①，该指南针对用户如何在云服务合同中检测并保障数据安全提出了一套整体指标体系，该指标体系涵盖了服务的可用性、安全事故处理、数据信息的全周期管理等 8 个方面的指标，为采购方和供应商共同检测和保证数据信息的安全提供了依据和框架。

（三）日本和韩国

与美国和欧洲相比，日本和韩国的云计算产业发展还处于起步时期。相对而言，日本发展得更好一些，已经在全世界云计算市场份额中占到了 10% 左右，成为云计算发展的全球重要力量之一。日本和韩国作为试图引领亚洲创新方向的国家，对云计算的发展非常重视，都制定了未来的发展战略。本报告将针对两国的主要战略型政府文件进行介绍。

---

① 参见李亚光等，欧盟出台《云计算合同安全服务水平监测指南》，中国电子报，2012 年 6 月 12 日。

1. 日本：《云计算与日本竞争力》

该报告发布于2010年8月16日，由经济产业省制定并颁布，可以视为日本政府引领和推动云计算产业发展的纲领性文件。该报告雄心勃勃地提出，日本将致力于发展云计算，以创新为基础拓展更多新的服务模式，到2020年之前，目标是开拓出累计规模高达40万亿日元的全球新市场。云计算的好处在于两个方面，一是带动经济增长，通过信息技术的远程服务来提高生产率，使GDP增长0.3%；二是促进节能减排、改善环境，通过提高能源使用效率，实现相当于1990年排放量7%的二氧化碳减排。

为了实现上述目标，该报告提出了一个"三角计划"。其中下面的两个角是云计算发展的基础制度环境，包括推动相应的基础设施建设和制度改善。在技术设施方面，主要是基于云计算技术建立和改造一些数据中心，使这些数据中心效率更高，能源消耗更少。在制度改善方面，主要是在保障信息安全的基础上进一步放松对数据信息传播的管制，并促进政府部门的云计算应用。上面的一个角是鼓励创新，鼓励企业基于云计算开发新的服务形式，构建各种新业务服务平台，开拓包括国外在内的新市场。

2. 韩国：《云计算综合振兴计划》①

为了使韩国赶上全球云计算发展的步伐，甚至能在2014年前成为云计算应用的引领者之一，韩国广播通信委员会、知识经济部和行政安全部于2009年12月正式颁布了一个《云计算综合振兴计划》。该计划行动期共5年，从2010年开始，到2014年告一段落。韩国政府拟在该计划行动期间总共投资6146亿韩元，目标是创造规模约2.5万亿韩元的云计算

---

① 参见王喜文，韩国政府主导下的云计算促进政策，《电子政务》，2011年第5期。

新兴市场。

　　该计划提出了几个方面的重要措施：一是确定政府相关部门的职责分工，行政安全部负责推动政府各部门在电子政府系统建设中采用云计算服务，广播通信委员会负责推动和帮助企业部门采纳云计算，知识经济部则负责引导云计算技术研发，并推动相关标准的制定工作。二是通过政府采购率先使用云计算服务，开拓云计算市场，首先在教育科技部、邮政业务部、气象局等部门应用云计算，将原来的服务器进行虚拟化，并逐步进入新的高性能服务器进行更新换代。三是帮助企业应用和开发云服务，政府将建设一个大型的云服务检测平台，并提供给广大中小企业使用，使企业能够在这个平台上检测自己开发的云服务的可用性、稳定性和安全性，帮助它们创造更多更新的云服务形式。

第三章

云计算的经济学分析

云计算涉及非常之多的技术细节，关于其概念的争论也一直没有结束，仅从技术角度出发来分析显然是仁者见仁、智者见智，更何况其中包含了很多因商业利益而故意以偏概全的解读和定义。从经济学分析的角度出发来剖析云计算，将更容易把握云计算的本质属性，从而更深入地解析云计算技术的应用对我们经济和社会的正面冲击效应。

一、云计算对信息技术产品需求与供给的影响

为了研究方便，我们将所有的信息技术软件、硬件和服务视为一大类产品，在没有云计算技术的情况下，这类产品有它的需求和供给两大曲线，并决定着这类产品的市场供应量和产品价格。那么，在引入云计算技术的情形下，消费者（包括个人用户和企业及政府用户）和生产者行为会发生什么样的变化？这正是对云计算进行经济学分析的起点和基础。

（一）云计算对需求方的影响：从购买到租用

任何一个需求者，在市场上实现自身需求、从而得到效用的方式都可以分为购买和租用两种。事实上，无论是对作为投资者的企业，还是作为消费者的个人或法人，在面对多种商品时都面临着购买和租用的选择问题。除非是一次性消耗的商品，如我们所吃的面包等食物，大部分耐用商品都是分次消费的。食物这个特例是只能购买的情况，另一个特例是劳动力，在非奴隶制社会只能租用而不能购买。大到飞机、房屋和汽车，小到家用电器和图书音像，都是既可以购买，也可以租用。比如航空公司，既可以自己出钱购买昂贵的飞机来进行航空运营，也可以到融资租赁公司去租用飞机来运营航线；消费者既可以选择买房买车，也可以选择租房租车，既可以选择买书，也可以选择去图书馆借书。

正如新制度经济学家们所指出的，产权可以看作是一束权利（a bundle of rights）（如 H. 德姆赛茨，1994）[①]，而不仅仅是不可分割的单个权利。产权可以分割为使用权、收益权、控制权、转让权等一系列权利。事实上，购买和租用的产权差异就在于，购买是获得了这一束权利的整体转让，而租用则是购买了一次或几次的使用权而非所有权。用户对信息技术设施或软硬件的需求同样如此，目的不是为了拥有全部的产权，更多的只是为了获得使用权。只是因为在没有云计算技术的情况下，租用的可能性难以真正实现，而云计算的应用恰恰使用户能够（enable）只购买自己需要的使用权并因此付费，而不用花费更多的钱来购买并不重要的所有权。

---

① 参见 H. 德姆赛茨，关于产权的理论，《财产权利与制度变迁——产权学派与新制度学派译文集》，上海三联书店 1994 年版。

影响购买和租用选择行为的因素很多，但是首要的就是价格。假定一个消费者 A 面对一件消费品进行选择，租用价格为 X，估计使用次数为 N，而商品购买价格为 Y，那么，在不考虑交易成本、折旧等其他因素的前提下，如果满足条件 $X \cdot N < Y$，则消费者 A 会倾向于选择租用该商品。如果此时消费者 A 选择了购买，事实上此件商品的效用被浪费了一部分，存在帕累托改进的空间。如果消费者 A 选择租用，那么此件商品除了满足他的需求之外，还可能被消费者 B 或 C 等其他人租用，实现了帕累托改进，从而增加了社会福利。

云计算这种新技术的应用，无论其复杂性如何，从经济性的角度来分析，最大的好处就是降低了用户一次使用的成本，从而使本来不可租用的高价格信息技术产品变成了可以租用的产品，扩展了消费者的效用可能性边界。另一方面，云计算技术的应用大大拓展了信息技术产品和设施的可撤回（reversibility）与可变通（flexibility）性[1]。正如 Dhar（2012）所指出的，购买行为是一种消费者做出的近乎永久的、几乎不可撤回的决定，这种决定蕴含着一定的风险，这就是由于未来可能会有更好的选择而带来的机会成本。消费行为实验的研究结果表明，消费者在购买一项商品的时候常常会预估由于购买的不适合的商品而产生的懊悔感，因为这项决定是不可撤回的，相比之下租用产品由于其可撤回性而不会产生这样的懊悔感。云计算应用模式下，用户完全可以在云系统中自主地提出要求并会迅速得到回应，从而实现自己对信息技术需求的快速部署。而且，在使用过程中，用户可以根据自身的情况随时便捷地撤回或变更自己的需求、调整自己的部署，从而使得租用的便利大大超过

---

[1]　参见 Ravi Dhar，租与买的奥秘，《中欧商业评论》，2012 年 9 月刊。该文由潘芸根据 Anastasiya Pocheptsova，Ran Kivetz 和 Ravi Dhar 的论文 "Buy Versus Rent：How acquisition mode affects consumer decision – making" 缩编。

了购买行为。

　　当然，在实际的商品选择行为中，价格绝不是决定购买还是租用的唯一因素。至少还包括交易成本、风险与不确定性、资源可得性、消费者偏好等一系列因素。交易成本决定了租用的方便性，如果租用一次会带来许多麻烦，那么消费者可能将宁可选择购买而不是租用。例如床和沙发等家具，如果选择租用，那么更换一次则会耗费较多的时间和精力，购买应该是较好的选择。对于云计算技术来说，最大的交易成本来自于传递信息技术服务的互联网络。如果一个市场区域的网络带宽不足，那么严重依赖互联网交付渠道的云计算服务就会因此而变得非常不方便，从而使得云计算技术带来的信息技术价格优势大打折扣，对云计算的发展将产生致命性的影响。

　　另一个重要因素是风险与不确定性，如果用户在选择租用方式时面临较多的风险或不确定性，那么用户将有可能倾向于购买。例如，消费者在面对租赁或购买房屋时考虑的一个重要因素就是，如果租房，将有可能面临房东单方面终止合同的情况，不但要重新寻找房源，还要耗费精力来搬家和重新布置。对云计算同样如此，用户除了考虑价格和交易成本之外，还必须考虑由于租用信息技术资源而带来的风险。与消费其他商品不同的是，租用云存储或计算能力，将会把用户的数据，尤其是不想为人所知的信息传递给云服务运营商，因此用户必然面临着信息被泄露的风险。如果不能解决云安全问题，租用模式就会因风险因素而抵消其价格等优势，云计算的应用也将难以真正地推广。

（二）云计算对供给的影响：重塑成本曲线

　　云计算对需求方行为的影响，究其本质是来自于对供给曲线的冲击和改变。这种冲击至少来自于两个方面：一是由于采用更高效率的云计算系统而带来的成本总量的降低（Harms & Yamartino，2010）；二是成本结构的变化，固定成本和边际成本都发生了较大的变化。云计算对供给和成本曲线的影响其实正是云计算经济属性的本质。

1. 云计算带来的总成本降低效应

探讨云计算的成本节约效应时，有必要从经济学的角度来区分成本节约的不同源头。笼统地将其归结为规模效应是有问题的，Harms & Yamartino（2010）就存在这样的错误认识，尽管他们的文献非常具有开创性。事实上，无论是规模效应还是所谓的范围经济，一般都是假定技术条件不变的前提下来分析的，而云计算恰恰是一种明显的技术进步，这种技术本身既是没有规模或范围的变化，也会因其效率的提高而带来明显的成本节约效应。不过，云计算技术的应用使得原有的规模经济边界发生了变化，在新的技术水平上实现了更大的规模经济。下面分三个方面来分别分析。

（1）技术带来的成本下降

正如马克思所指出的，技术进步往往意味着资本有机构成的提高，即固定设备在投资中的比例上升，而人力成本则会显著下降。云计算技术的效果同样如此，这种新技术实现了多种复杂任务的自动化管理，大大节约了人力资本的投入，使得维护同样规模数据中心的网管人员大大减少。另一方面，用户因为可以将信息基础设施部署在云计算系统中，因此自身不需再雇用太多的信息管理人员。根据微软公司提供的数据，在传统的数据中心，一个系统管理员大约可管理140台服务；而在引入的云计算技术的数据中心中，同样水平的一个管理员可以管理多达数千台的服务器[1]。

---

[1]　数据来源：James Hamilton，《微软调查》，2006年。

（2）显著的规模经济

云计算之所以能够带来成本总量的节约，关键是这种技术突破使大规模数据资源系统的自动化、高效率管理成为可能。从经济学角度来看，数据中心的规模与企业的规模同样是有其最优边界的，决定这个边界的条件也同样是边际收益等于边际成本。如果在没有云计算技术应用的情况下，组建大规模数据中心是没有意义的，因为这将耗费大量的运行和维护成本，没有经济性可言。而云计算的诞生使得数据中心的边际成本进一步下降，从而大大扩展了数据中心的最优边界。而在这个最优边界拓展的过程中，规模效应得到了进一步放大。具体而言，从规模经济的角度出发，成本节约的可能性至少包括以下几个方面。

首先是用电成本的下降。事实上，对于拥有大量服务器的数据中心而言，用电成本在总成本中占据着相当高的比例，是数据中心总成本（TCO）中的最大的一块，至少能占到总成本的15%以上，甚至会达到20%[①]。没有云计算系统应用的小型数据中心，往往会因需求方和供给方的地理位置而分散建立，而这些地区往往是当地比较发达、用电成本较高的地区。在那些气温较高的城市，仅因冷却而产生的用电成本就非常可观。而云计算数据中心则一般会在全球范围内选择电价较低、气候有利于散热的区域来布局，其能源使用效率（PUE）会比小型数据中心有非常显著的提高。而且，如果建在大型发电厂附近，并采用批量采购的方式来集中购电，就又节省了电网传输成本，从而使得电费大大降低。从国外云计算数据中心的实际数据来看，其下降幅度可以达到原来平均水平的四分之一[②]。

其次是集中购买能力带来的设备和软件价格折扣。一方面，大型数

[①][②] 参见 Harms, R., Yamartino, M., The Economiocs of The Cloud, Microsoft, 2010, November.

据中心容纳了相当多的服务器①，对软硬件的采购量大大增加，显然增加了购买方的讨价还价能力。另一方面，云计算中心的自动化管理是建立在标准化基础之上的，大量的软硬件要采用同一种架构和标准，这种基础设施的同质化使得每一种产品的购买都实现了规模化，从而带来了规模经济。国内外一些云计算实践的数据显示，大型云计算数据中心的运营商在购买硬件时，比那些普通客户的价格低得多，折扣甚至可以达到30%以上②。

还有一点不可忽视的是，随着云计算数据中心的规模扩大，用户数量也在不断扩大，带来了规模经济效应。在传统产业经济学教科书中，这一点一般不被包含在规模经济的范畴中，因为规模经济一般是针对作为供给方的厂商和产业而言的。但是，云计算应用的事实表明，由于用户本身不是同质化的，需求者的增加也会带来类似于规模经济的效果。例如，一个云计算中心可以同时服务于亚洲和北美洲、欧洲的用户，只要互联网的速度足够快。那么，当欧洲人进入梦乡的时候，亚洲人还在白天进行工作，反之亦然。这样服务器就可以保持24小时的工作效率，大大降低了单台服务器的运营成本。

（3）运营多资源带来的范围经济

与规模经济不同，范围经济（Economies of scope）指由厂商的生产经营范围扩大而非仅仅拓展规模带来的成本降低。例如，假定一家企业单独经营产品 X、Y 的总成本分别为 TC（Qx）、TC（Qy），同时经营两种产品的总成本为 TC（Qx，Qy），如果满足条件 TC（Qx，Qy）＜TC（Qx）＋TC（Qy），那么就存在所谓的范围经济。换句话说，就是多种经营的

---

① 以微软公司的一个数据中心为例，大量服务器放置在集装箱中，叠放在数据中心里，占地面积大约有一个足球场大小。

② 根据作者调研微软公司和华为公司得到的数据。

效率优于单一经营。

云计算数据中心集合了大量的软硬件，同时提供包括基础设施、计算能力、存储空间、软件平台、应用软件、互联网服务等多种形式的信息技术服务，其服务种类之多，远非传统互联网数据中心所能比拟。在这种情况下，数据中心各种资源的总利用效率会大大改善，每台服务器的运营成本则会明显降低。如图 3.1 所示，如果只提供搜索服务，那么中央处理器（CPU）的计算能力利用率较高，但是存储空间利用率则较低；反之，如果只提供电子邮件服务，那么存储空间利用率较高，计算能力的利用率则较低。当云计算中心同时提供这两种服务形式时，CPU 和磁盘的利用率可以同时提高，从而实现范围经济。

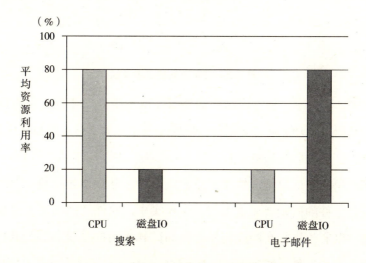

图 3.1 云计算多种服务形式产生的范围经济

数据来源：微软公司提供的基础数据。

上述几种作用形式叠加起来，使得云计算技术确确实实显著降低了信息技术产品和服务供给的总成本，使云计算的商业应用大有发展空间。

2. 云计算带来的成本结构与曲线变化

云计算对信息技术产品供给的影响，除了成本总量的降低之外，另一个显著效应就是改变了成本结构和成本曲线。为了方便分析，我们将信息技术产品简略地划分为硬件和软件，而云计算应用对这两者的影响是不太一样的，下面分别进行分析。

（1）对软件产品成本曲线的影响

在所谓网络经济时代，软件产品已颠覆了传统产业的成本曲线。

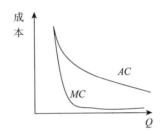

图 3.2　软件产品的成本曲线

如图 3.2 所示，软件产品的前期研发成本很高（主要是人力成本），但是一旦研发成功之后，复制的边际成本就非常低了，甚至趋近于 0。因此，软件产品的曲线是向下的，而不是传统的边际成本递增趋势①。而按照市场竞争的一般原则，软件产品应该按照边际成本来定价，但是这很可能使得软件的研发者血本无归。在现实中，软件产品的定价呈现出一些乱象，既有价格很高的应用软件，如微软公司的系统和办公软件；也有免费使用的软件，如 360 安全卫士软件。甚至对同一个软件，定价可以相差数十倍。如 WPS 办公软件在市场上可以定到几百元的价格，也可以在大用户的集中采购中给出几元钱的低价。这种成本曲线的另一个副作用是，由于复制成本较低，大量的盗版软件充斥在市场中。

---

① 参见倪云虎、朱六一，报酬递增与经济中的正反馈——关于供需曲线倒置和局部正反馈机理的猜想，《经济研究导刊》，2007 年第 2 期。

在云计算应用的模式下，软件产品只需要按照使用次数来付费。对于作为供给方的云计算服务商而言，边际成本进一步降低了，甚至不用再复制一张光盘。而且，定价的问题得到了解决，完全可以按照接近于边际成本的价格来销售。由于云计算系统的用户量远远大于传统模式，因此软件的总销售额有可能弥补开发者付出的研发成本。而且，在云计算模式下，盗版的问题更容易得到解决。其原因在于，在传统销售模式下，购买一个光盘版软件不仅得到了使用权，事实上也得到了复制权，因此盗版成本非常低。而在云计算模式下，每次付费只得到一次使用权，没有复制权，因此不容易盗版。而且每次使用的付费很低，因此用户没必要再冒一定的风险去使用盗版软件。

（2）对硬件产品成本曲线的影响

在没有云计算应用的时代，即使网络经济已经广为拓展，但是似乎对硬件产品的成本曲线影响不大，硬件设备的成本曲线其实与传统产品比较类似①。如果说网络经济的发展主要影响了以软件为代表的数字化产品，那么云计算技术的应用则进一步对硬件产品的成本曲线产生了重要影响。由于用户可以采取租用而不是购买的方式来使用包含计算能力和存储能力的硬件设备，并只需按照使用量和次数来付费，因此对于供给方而言，出售一次使用权的边际成本主要是因此带来的设备折旧，对于大量的云计算用户而言，每次使用带来的边际成本非常之小，只是在初始购买时一次性投入一大笔费用，固定成本较高。

如图 3.3 所示，在传统模式下，硬件的边际成本曲线的趋势是上升的，穿过了平均成本的最低点。而在云计算的模式下，由于在初始投资之后的边际成本非常之低，因此在曲线上表现为急剧下降并贴近横轴，

---

① 参见张小蒂、倪云虎，《网络经济》，高等教育出版社 2008 年第 2 版，第 51 页。

而平均成本曲线则位于边际成本曲线上方，但也呈下降趋势①。

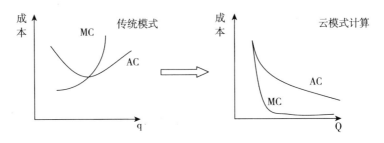

图3.3 云计算对硬件成本曲线的改变

与成本曲线变化对应的是，硬件产品的定价模式也发生了根本性的变化，从按照每件硬件的边际成本定价改变为按照每次使用量的边际成本来定价，因此市场价格大大下降了。例如，谷歌（Google）公司对每"CPU 内核使用 1 小时"只收费 10～12 美分，亚马逊（Amazon）公司对每 1GB 存储每月只收费 15～18 美分。

如果说网络经济只是改变以软件为代表的数字化产品的成本曲线和定价规则，那么云计算技术的应用则进一步影响了硬件设备的成本结构和成本曲线，同时也解决了软件产品的定价和盗版难题，使租用方式的需求实现成为可能，完全改变了信息技术产品和服务的供给和交付方式，进一步放大了信息经济的报酬递增性质，为信息技术产业的再次高速发展带来了机遇。

二、云计算对 IT 产业的影响：增长、分工与产业组织演化

云计算影响了信息技术产品的供给和需求的形态，就必然会影响信

---

① 需要注意的是，两个图中的横轴代表的意义有所不同，左图中的 q 指的是硬件产品的销售数量，其单位是件数；而右图中的 Q 指的是硬件产品的使用量，其单位是次数。

息技术产业的规模和产业组织形态。这种影响至少存在于三个方面：一是信息技术产业受到新技术的刺激，很可能会迎来一轮新的增长；二是云计算技术的应用使得信息技术产业链的形态发生了变化，社会分工更加深入；三是云计算的应用会使得信息技术产业的产业组织形态发生显著的变化，需要重新审视垄断与竞争问题。

（一）云计算对信息技术产业增长的刺激

云计算技术对信息技术产业的刺激首先来自于由于成本降低造成的需求增长。假定我们不考虑类似于网络经济的正反馈特性，即不考虑由于云计算系统扩张带来的用户需求的进一步扩张，仅仅将云计算系统作为一种提供信息技术产品，即软件和硬件的新的服务方式。那么，作为一种大大降低成本的供给方式，云计算的应用导致信息技术产品的单位计费价格显著下降。信息技术产品的需求具有一定的价格弹性，正如我国信息化过程中所经历过的情况，个人电脑价格的不断下降使得计算机的普及率大大提高，手机话费以及手机终端价格的不断下降使移动通信的普及从城市蔓延到了农村。在这种前提下，价格的下降就会引起市场成交量的上升，也就是信息技术产业规模的增长。至于这种增长效应的大小，一方面要取决于云计算技术的应用是信息技术产品及服务的价格有了多大程度的下降，另一方面还要取决于信息技术产品的需求弹性有多大，需求弹性越大，对信息技术产业增长的刺激作用越明显，反之亦然。

上述分析的前提是假定不存在需求的正反馈效应。对需求正反馈的解释一般会用到所谓的梅特卡夫定律（Metcalfe's Law）。梅特卡夫本人是以太网络的发明者，这一定律的含义是，一个网络的价值随着用户数量的增加而增加。例如，电信网络如果只有一个用户，那么这个网络是没有价值的，因为这个用户无法给别人打电话，如果增加一个用户，两者之间就可以通信，网络才有了价值，用户越多，网络的通信功能就越发达，价值就越大①。该定律进一步指出，网络的价值不是与用户量成正比，而是与用户量的平方成正比，这就意味着网络用户量可能会呈几何级数增长。梅特卡夫定律在一定程度上反映了新技术网络爆炸性增长的原因，但是也存在很大的局限性。因为一个正反馈系统是不稳定的，而全球的用户数是有上限的，因为总人口量不会像网络一样爆炸性增加，如果不考虑这一定律的适用范围，那么一定会遭遇增长极限②。

梅特卡夫定律是针对以互联网为代表的网络经济而言的，并不是包括水、电力等传统网络型产业在内的普遍规律。那么，云计算是否也存在梅特卡夫定律？应该说存在这种效应，但是也并不完全是这样。梅特卡夫定律的实质是认为用户之间存在相互的正面影响和作用，这种相互作用越大，该定律的效力越明显。从云计算的应用来看，确实存在这样的实际现象。例如，谷歌公司的云搜索服务就是建立在用户互动的基础之上的，谷歌的云搜索网络可以根据全体用户的搜索频率和对象来为每一位用户提供搜索参考，也就是说每一个用户都在享受着其他用户的贡献，因此用户越多就会吸引更多的用户。亚马逊的情况也类似，在它的图书销售云计算系统里，每一个用户可以根据销量的排行榜来较快地选择有价值的好书，而这个排行榜是根据其他用户的购买量实时变动的。用户越多，这个排行榜才越有价值，也就会吸引更多的用户③。

但是，在云标准统一的前提下，一个典型的云计算系统更多地类似

---

① 参见彭亮，论网络经济的收益递增法则，《当代经济管理》，2009 年第 31 卷第 7 期，16～20 页。

② 事实上，20 世纪末到本世纪初网络泡沫的大量破灭也确实证明了这一点。

③ 另一个例子是存在不同云标准的情形，如果不同云系统存在不同的标准且互不兼容，那么用户就必须做出选择，而且无法同时使用多个云的服务，那么用户多的云系统就有可能不断扩大。

于像水、电网络一样的基础设施型产业。例如我们从云计算系统里租用计算能力，与其他用户的是否租用基本没有关系，仅仅是由于规模经济和范围经济带来了成本更低的好处。准确地说，梅特卡夫定律更多的是针对纯粹的互联网应用而言的，而云计算的应用不仅在于以邮件、搜索等为代表的互联网服务，而且在于更多地改变了硬件设备和软件产品的供给方式。对私有云而言，就完全不存在梅特卡夫定律了，因为一个单位的用户量本来就是一定的，不可能爆炸式增长。

总之，云计算技术的应用对信息技术产业的冲击更多地来自供给侧效率的提高导致的成本下降，由需求的正反馈效应导致的增长效应不是云计算技术的经济本质，但是也会在云计算和信息技术产业的发展中发挥部分作用。

（二）云计算导致的产业分工细化：技术发展与分工效率

除了对信息技术产业规模的影响之外，云计算的应用还对原来的信息技术产业链条产生了重要影响。

1. 生产商与云服务商的细化分工

在传统模式下，软硬件厂商们（如微软和联想等软硬件生产销售商）直接面对用户，并将包含了服务的软硬件出售给用户，这种模式只涉及供给方和需求方两个主体，中间没有其他环节。而在云计算模式下，软件和硬件产品都是由云系统服务商集中采购形成一个巨大的信息技术产品资源池，并通过互联网媒介，以按使用量计费的服务模式销售给广大用户。相比传统模式，云计算产业的出现拓展了信息技术产业的传统分工形态，使产业链更加细化，而这种分工则又带来了更多的专业化效率。

图3.4是这一变化的简单示意，为了方便分析，图中假定三个条件：一是讨论范围只涉及软件和硬件，不包含更多的互联网服务形式；二是

假定用户本来没有自己的信息技术基础设施，例如自己的信息化系统及其服务器等；三是略去了云计算系统集成商等产业环节。

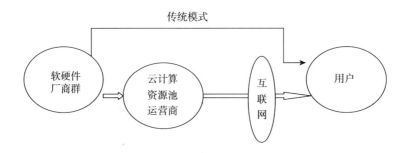

图 3.4　云计算模式下产业链分工简略示意图①

分工产生效率并进而推动经济增长，这一思想发端于经济学的创始人亚当·斯密。斯密（1776）分析指出，市场交易与劳动的社会分工是互相促进的，市场交易本来就是劳动原始分工的产物，同时又会进一步促进更加深化的劳动分工，每一次劳动分工的深化都会提高劳动生产率。斯密总结了劳动分工刺激生产率提高的三大主要原因：一是劳动者因为分工而对自己的工作更加熟练，技巧更加专业；二是如果劳动者从事多种工作，在工作之间转换是有时间等损失的，分工以后就避免了转换损失；三是分工促进了替代人力劳动的机械设备的发明和应用，使人均生产率大大提高。杨格（Young，1928）对斯密的这一发现进行了重新挖掘和进一步发展，引起了更多经济学家的重视。他指出，社会分工与市场规模的互动正是经济进步和增长的内在主要动力，这一发现和总结被称为"斯密—杨格定理"②。杨小凯和黄有光等经济学家对分工的效率进行了更加深入的挖掘和研究。如黄有光（2005）指出，劳动分工、资本积

---

① 更为详细的云计算产业链图请见第二章。

② 原始文献为 Young，Allyn，Increasing Returns and Economic Progress，Economic Journal，1928，vol. 38，pp. 327 – 342.

累和技术进步三个因素存在着互动关系，互相影响、互相促进，伴随劳动生产率的不断提高，从而共同推动着经济增长。他认为，劳动分工是导致资本积累和技术进步的根本原因，反过来，资本积累和技术进步又进一步促进了劳动分工的深化发展①。

　　云计算技术与产业分工的互动充分说明了上述经济学家的远见。云计算技术的产生事实上就是来自于市场规模的不断扩大。谷歌和亚马逊两家公司是云计算技术的发起者和商业应用的先驱。谷歌对云计算技术的发掘完全是由于其自身需求而引发的，随着互联网服务规模的不断扩大，谷歌公司的搜索服务涉及的数据量极大，为谷歌带来了非常大的计算负担。云计算技术恰恰是针对海量数据的处理而应运而生的，利用云计算技术，谷歌公司才得以充分利用自己的服务器资源有效、快速地处理海量的互联网数据。而这一新技术的出现，又迅速被大量的互联网服务商所采用。由此可见，是市场需求的力量促生了云计算技术的发展及其商业应用。而云计算技术诞生之后，对产业分工又产生了重要的影响，在传统的软硬件厂商和用户之间，出现了新兴的云计算系统服务商，使得服务交付环节从生产销售环节中独立出来，成为一个蓬勃发展的云计算服务业。由于云计算服务的出现，传统数据中心里由大量系统管理员维护的系统改变为更多的自动化维护，从而大量节省了人力成本，劳动生产率大幅提高，促进了信息技术产业的增长。由于云计算服务依赖于互联网媒介作为传输渠道，为了更好地应用云计算，各国政府都支持互联网基础设施的投资，致力于所谓的"宽带战略"，这就进一步带动了互联网基础设施的增长。云计算技术发展与分工效率的互相作用，为信息技术产业发展注入了新的动力。

---

　　① Ng, Yew–Kwang, Division of Labour and Transaction Costs: An introduction, Division of Labor & Transaction Costs (DLTC), 2005, 01, (01), 1–13.

2. 云服务商与用户的再次分工：信息系统外包

如上所述，图3.4的分工细化是从供给的角度来分析的。事实上，除了信息技术产品提供方式的变化带来的生产与服务的分工，云计算还有另外一个分工效应，就是将本来被用户内部化的信息基础设施分离出来，然后再以云系统服务的方式提供给用户。

在图3.4中，我们是假定用户在没有自己的信息技术基础设施的前提下来使用云服务。但是这种假定与目前的现实情况是不相符的，所有的信息技术用户，无论是企业用户还是个人用户，都拥有自己享受信息化服务所必需的信息系统或终端设备。作为具备一定规模的企业，一般会有自己的数据中心，采购大量的服务器搭建自己的局域网，并常常专门设置一个部门加以管理和维护。政府部门也是如此，几乎每个单位都有一个小型的信息中心，来承担信息化和电子政务、内部邮件、资料备份等职能。对于个人用户，信息化设备会相对简单一些，但是至少也会拥有一台个人电脑，而这台电脑往往是超配的，有着大量的冗余计算能力和多余的存储空间。在有了云计算技术应用的情况下，这些用户设施中存在的计算和存储能力冗余就有了进一步改进的余地，它们完全可以从用户端分离出来，转移到云系统数据中心中去，然后再通过互联网以服务的形式提供给用户，从而使用户的信息化建设成本和维护成本转嫁给更有成本优势云计算系统，实现分工效率。

如图3.5所示，从需求方角度来看，在传统信息化模式下，用户需要以自给自足的方式来建设自己的信息技术基础设施，这对于用户来说是最经济的方式，而云计算模式下租用成了用户的最佳选择。换句话说，用户在云计算模式下会选择将固定资产投资的初始建设任务转移给云计算服务商，原本被用户内部化的功能被进一步分离出来，实现了交换，转变为一个外包的市场。这就是云计算技术进步导致了分工、分工又扩大了市场规模的整个过程。

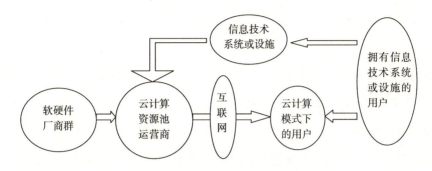

图3.5　云计算模式下用户信息系统外包简略示意图

对于原本拥有大型信息技术系统的大型企业或政府用户来说，它们面临着如何引入云计算技术的部署模式选择：要么采取技术改造的方式，将自己的原有系统打造成一个私有云，但是会牺牲一部分规模经济；要么放弃现有的系统，在一个公共云系统中重新搭建自己的信息系统，但是现有资产处置中可能会有损失。从长期来看，如果不考虑安全因素的影响，在公有云中搭建信息系统可能是一个更好的方式。当然，另一个办法是选择"混合云"的部署方式，涉及安全的数据放在利用原来设备搭建的私有云中，其他部分放入公共云，不过管理难度将增大。

（三）云计算带来的垄断可能性及其规制

垄断的起源可能来自多种原因，在信息产业中典型的表现是由于技术创新和专利保护带来的垄断，例如微软公司在操作系统及办公软件上的垄断，以及英特尔（Intel）公司在中央处理器（CPU）产品上的垄断。另一个传统的原因在于规模经济以及范围经济，成本改进的空间促进了企业之间的兼并，从而形成一定程度的垄断。当然，在政府干预产业较多的国家，还存在因干预造成的人为垄断，又被称为"行政性垄断"。讨论云计算技术带来的垄断竞争效应，也不外乎这几个因素。

1. 云计算应用导致产业垄断的几种可能

正如前文在第二章分析的，在云计算技术的商业应用之初，有大量的市场机会，因此，非常多的企业会加入到云计算商业应用的大军中来。美国的云计算产业也是如此，数千家企业在云计算产业里开展着竞争，尽管 IBM、谷歌、亚马逊和微软等企业的技术开发和投资能力都非小企业所能比，但是中小企业仍然能在这一不断变化的产业形态中寻找到一些商业机会。至少从目前来看，云计算产业的竞争是很充分的。但是另一方面一个不可忽视的现象是，产业集中度已经出现了提高的迹象，发生了许多大规模的云计算领域企业兼并案[①]，究竟最终会不会形成垄断或寡头垄断的市场结构，还要看云计算产业的发展实践。不过，从理论上来看，确实存在垄断的几种可能。

（1）技术垄断的可能性

在微观经济学教科书中，一般会假设产品的同质性，在这种假设下是不存在技术垄断的。但是，在创新日新月异、技术更新换代非常之快的信息技术产业，大部分垄断都源于技术的领先。当一家企业进行了独特性的创新并成功吸引了消费者，在其他企业由于各种原因还没能对这种技术进行完全模仿的一段时期，首创技术的企业就可能获得由技术优势带来的"超级利润"，并可能依靠这种优势市场地位不断扩大规模、兼并落后企业，最终形成较强的垄断地位。

专利制度的设计放大了技术垄断的可能性。专利制度设计的初衷来自于技术创新活动的正外部性：一项发明可能源自某一个人或某一个企业，如果没有专利制度，而且这项发明的可复制性或可模仿性比较强，那么新技术带来的好处就会快速地在市场中扩散，从而增加消费者和广

---

① 参见第二章表2.1。

大生产者的福利。但是，如果没有专利保护措施，依靠经济利益驱动的创新活动就会由于私人收益大大小于社会收益，而导致收益不能弥补研究开发的成本，从而抑制了技术创新活动。因此，政府才人为设计出专利制度来保护创新者的知识产权和积极性。但是，这种保护人为地延长了技术首创者利用创新获得超级利润的期限，从而更可能使其获得垄断地位。在发达国家，已经有许多专利被用来维护在位者的市场优势地位，而不是仅仅限于保护自己的创新成果，暴露出专利制度的不足之处①。

在云计算领域，技术和市场领先的企业已经开始了专利布局，例如领头企业谷歌公司，已经在虚拟化技术、分布式技术等领域拥有许多核心技术，甚至在数据中心的冷却等方面都申请了新的专利；微软公司在"云迁移"方面申请了新的专利，这是专门针对已经拥有信息技术设施的用户如何把数据迁移到云端而开发的技术；IBM 公司在云计算领域成立了专门的研发事业部，不但在相关领域发表了多篇论文，还申请了数十项国际专利。从目前的竞争态势来看，由于云计算技术体系作为一个整体仍处于不断发展变化的过程中，产业领域还没有完全形成技术垄断，但是这些龙头企业已经开始兼并一些崭露头角的新兴云计算中小企业，市场结构已经出现了寡头垄断的雏形。

（2）规模经济与范围经济造成的垄断可能性

规模经济与范围经济带来的边际成本大幅下降和报酬递增，正是云计算技术的经济学本质。一般而言，规模经济指的是生产单一产品的长期平均成本曲线处于下降趋势，当长期成本曲线越过其最低点转为上升时，就会出现规模不经济的情况。当技术水平给定的情况下，达到最大规模经济的产量 Q（即长期平均成本曲线最低点对应的产量）就是一个

---

① 参见亚当·杰夫等著，罗建平、兰花译，《创新及其不满：专利体系对创新与进步的危害及对策》，中国人民大学出版社 2007 年版。

定值。这个 Q 值实际上也决定了一个行业内企业的最佳规模①，继续扩大规模机会就会造成规模不经济。范围经济的道理也是一样的，只是针对的是生产多种产品的情况。但是，随着技术创新的出现，成本曲线的形状和 Q 值都会发生变化，因此企业的最优规模也会发生变化，此时就可能产生重组和兼并现象，造成市场集中度提高，直至形成垄断、甚至自然垄断。

信息技术产业的发展同样经历了几个不同的时期，各个时期有着不同的技术水平。尽管技术的变化一直是连续性的，但是在每一个典型时期，技术的变化以改进型为主，没有出现颠覆性创新。而颠覆性创新的出现就意味着一次产业内更新换代的技术革命，比如被业界寄予厚望的云计算技术。与大型计算机时代和"客户端＋服务器"的互联网时代相比，云计算技术革命使信息技术产品的供给曲线再次发生了实质性变化。

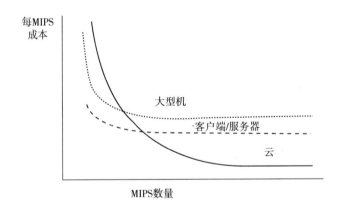

图 3.6　云计算规模经济示意图

数据来源：来自微软公司提供的实验数据。

如图 3.6 所示，MIPS（每秒百万指令）代表的是计算能力，每 MIPS

---

① 由于管理效率、政策制度环境、掌握技术的熟练程度等一系列差异的存在，一个行业内的企业规模一般不会都是一样大的，肯定会有大企业和小企业并存的情况。

成本指的是平均成本。很明显，在大型机时代和互联网时代的平均成本低于云计算时代更快地到达了最低点，但是成本远高于云计算模式。云计算模式下，由于初始固定成本更高，而边际成本更低，因此平均成本需要在更大的计算能力供给量上才会达到规模经济的极值。

上述分析意味着，云计算很可能会使信息技术产业中的云计算服务提供商的规模，相对于传统的软硬件供应商或者互联网服务商，呈现扩大的趋势。这就意味着产业集中度继续提高的潜在可能性。当然，这只是提供了一种可能性，具体还要看市场的绩效和领头企业的经营效率。

（3）自然垄断的可能性

云计算具有很大的规模经济及范围经济效应，而且与自来水、供电等公共事业的供给模式非常相似，正如美国联邦政府的首席信息技术官（CIO）所言，今后我们可能会像使用水和电一样来使用云计算服务。既然如此，一个自然而生的问题就是：云计算产业会不会成为自然垄断产业？

自然垄断的基本含义是：对于给定的产品组合，由一家厂商来生产整个行业产量的总成本比两家及以上数量厂商来生产的总成本更低。云计算是否会造成自然垄断的情况，取决于云计算模式下信息技术产品及服务的长期成本曲线与市场最大可能产量之间的大小关系。显然，如果把云计算产业看作是一个全球范围的市场，那么发生自然垄断的可能性是极小的；如果一个封闭市场的范围越小，越有可能出现自然垄断。对云计算产业来说，影响其全球化的一个重要障碍就是安全问题，安全问题很可能会使云计算服务业在各国成为本土企业占据的市场。例如，欧盟就担心如果云计算的数据中心都建在美国，会影响欧洲国家的安全[①]；

---

① Schubert，L.，et al.，The Future of Cloud Computing: Opportunities for European Cloud Computing Beyond 2010，European Commission，2009.

美国联邦在向政府部门部署云计算应用时，也规定不能把数据放在境外的数据中心上。在安全因素的影响下，一些规模较小的经济体很可能形成一个相对封闭的小规模市场，更有可能产生自然垄断。

从经验角度来观察，一般被认为是自然垄断的行业往往是一些网络型基础设施产业，例如电信、电力、天然气、铁路、供水等产业[①]。不过，从产业细分的角度看来，这些产业可以进一步分为"厂"和"网"，一般认为厂与厂之间是可以竞争而非自然垄断的，网则属于自然垄断性质。例如，在供电业中，发电厂环节不是自然垄断的，但是电网则会被认为是自然垄断的，因此许多国家[②]对这一行业采取"厂网分离"的办法来进行管理，放开厂的竞争，对网实施规制。云计算产业如果从用户端来观察，也是一个网络型基础设施产业，其中"厂"就是拥有大型云数据中心的云计算服务商，而"网"则是互联网。与传统网络型产业不同的是，电力等基础设施产业在诞生时往往是"厂网合一"的，后来出于提高社会福利、促进竞争的考虑被政府部门人为设计成为"厂网分离"的产业组织形态，而云计算产业则自诞生起就是与互联网基础设施相独立的，因此不是天然的自然垄断产业。

2. 云计算产业可能涉及的规制问题

（1）非经济性规制

规制是一个较为广泛的概念，笼统地讲，指的是公共部门为了提高产业效率而采取的一些限制性措施。规制既包括经济性规制，也包括非经济性规制。对云计算产业而言，典型的非经济性规制就是可能会产生的安全性规制。由于云计算将大量的数据信息储存在公共云数据中心，如果其中含有涉及一国经济、军事、政治等安全的信息，而且存储这些

---

① 当然，也有许多不同的见解，如许多学者不认为电信产业属于自然垄断产业。
② 美国就是如此，我国电力改革的思路也是如此，只是仍未取得成功。

信息的数据中心是不可控的，例如存储在本国境外的全球数据中心中，就很可能会危害本国安全。在这种情况下，安全性规制恐怕是不可避免的，一国政府可以采取不同轻度的方式来进行规制。根据强度不同，可选择的安全性规制措施包括：限制外国企业在本国境内提供云计算服务；限制外国企业在本国境内建设数据中心；限制本国数据在境外云数据中心存储；限制外国企业云计算服务的特定范围；限制本国特定用户使用外国企业云服务等等。

　　另一个可能的规制是市场进入许可，即所谓的牌照。除了国家层次的安全问题之外，客户数据的泄露和丢失等商业问题也至关重要。对云计算厂商来说，必须有一定的资质才能提供有效安全的服务。就像我们把钱存进银行一样，我们把数据存进云计算系统也需要有相应的监管和资质要求。当然，这一牌照与电信产业的牌照不同，电信牌照拍卖机制的设计是因为公共频率资源的极度稀缺性，而云计算产业不涉及公共稀缺资源，因此牌照只是表明一个云服务商具备了保障客户数据可靠性的资质，是政府部门防止信息不对称造成道德风险的结果。

　　除了这些非经济性规制之外，对云计算产业来说主要就是由于垄断可能性的增大而带来的规制问题。

　　(2) 对可竞争的云计算市场没有必要加强规制

　　按照传统经济学的观点，市场结构是决定市场绩效的根本原因之一，如果市场上只有一家企业，那就是牺牲效率的垄断，因此应该加以人为设计的规制措施。但是，随着产业经济学的发展，Baumol，Panzar 和 Willig (1982)① 提出了可竞争市场（Contestable market）的概念。他们认为，可竞争市场的根本特征就是非常低的市场进出壁垒（Barriers to entry

---

　　①　William J. Baumol, John C. Panzar, Robert D. Willig, Contestable Markets and the Theory of Industry Structure, New York: Harcourt Brace Jovanovich, 1982.

and exit），如果满足这个条件，那么即使市场上只有一家所谓的垄断企业，一旦这家企业谋求高额的垄断超级租，那么就会有新的企业进入从而分享一部分利润，当在位企业降低价格时，这家后进入的企业由于市场壁垒很低，因此可以迅速退出，这就是所谓的"打了就跑"（Hit and run）。在一个理想的市场进出壁垒为零的产业里，即使没有一家企业能够从消费者手中谋取超级利润，这个市场仍具有相当的竞争性，也就必须有特别的规制措施。

云计算服务业至少从目前来看，竞争程度还是非常激烈的。至于经过一番竞争后会不会形成具备垄断结构的可竞争市场，关键还要取决于市场进出壁垒。而决定进出壁垒的一个关键问题就是沉淀成本（Sunk cost），沉淀成本越高，市场进出壁垒就会越高，反之亦然。而决定沉淀成本大小的关键因素之一就是资产的专用性（Asset Specificity），这一概念的提出者是威廉姆森（1979）①。他认为，资产的专用性是指资产在不损失价值的情况下能够被投资于其他领域。云计算服务业的主要沉淀成本来自于大量的服务器以及相应的承载集装箱及冷却设备。可以看出，这些设备的专用性是较低的，而通用性则较强：服务器可以用于私有云建设②，集装箱可以用来做远洋运输，冷却设备也可以用于需要进行冷却的其他产业。因此，总的看来，云计算服务业不会因为资产的专用性而导致提高市场进出壁垒。另一个需要考虑的因素是资产的兼容性。比如，如果公有云的建设及运营标准与私有云大不相同，那么也会在资产转移时带来一些沉淀成本，从而提高市场壁垒。但是如果政府能够引导云标准的制定与统一，兼容性的问题也可以解决。

---

① 参见奥利弗·E. 威廉姆森著，段毅才、王伟译，《资本主义经济制度》，商务印书馆2002 年版。

② 私有云建设是不涉及公有云市场竞争的，而且由于安全等问题的考虑，许多大型企业的政府部门都会采用私有云的建设方式。

总之，假定不考虑技术和专利造成垄断的情况，云计算服务业即使出现了集中度提高、甚至寡头垄断的情况，也很可能会形成一个相对可竞争的市场，不会出现明显的效率损失，因此不需要特别的规制。

（3）警惕和防止出现云计算产业的"厂网"纵向一体化

如前所述，云计算产业与其他网络型基础设施产业的区别在于其天生的"厂网分离"。但是，如果由于各种原因，发生了互联网基础建设及服务商与云计算服务商的纵向一体化，那么云计算产业出现垄断的可能性就会大大增加，就需要警惕因此带来的效率损失。

在自由市场经济国家，互联网基础设施就像高速公路一样，不论收费或免费，都是被规制的，一般不会出现这种情况。但是在我国的情况则有所不同，掌握和运营互联网基础设施的就是三大国有电信运营商，如果这些运营商利用数据中心规模大、资金实力雄厚的传统优势，投资进入云计算服务业，则很可能会对云计算产业的竞争效率产生较大危害。因此应警惕和防止这些网络运营商向云计算产业实施纵向一体化战略，以免出现新的垄断效率损失，甚至还要再次拆分"厂"和"网"，大大增加规制成本。

三、云计算对非 IT 产业及整体经济的影响

上一部分的分析表明，云计算在信息技术产业的应用改进了该产业的分工和生产效率。作为一种通用目的技术（GPT），云计算的影响当然不限于信息技术产业。包括制造业和服务业在内的大部分产业都在使用信息技术来提高自身的劳动生产率，云计算影响了使用信息技术的方式和成本，那么就必然会影响这些使用信息技术的产业。当云计算沿着从

信息技术产业向其他各个产业的路径渗透时，对整体经济的影响就会不断扩大，最终带来推动经济增长的明显效果。

（一）增加非 IT 产业的信息化深度

对于非 IT 产业而言，使用信息技术的目的是提高生产效率，因此在非 IT 产业，信息技术产品、设备和基础设施是一种资本，购买和使用信息技术是一种投资行为，这种投资以提高效率的方式增加该产业的产出。

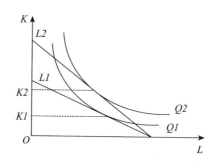

图 3.7　云计算增加非 IT 产业信息化深度及产量示意图

如图 3.7 所示，假定非 IT 产业的企业使用资本 K 和劳动 L 两种生产要素进行生产，该企业会面临着一组等产量曲线 Q（Q1，Q2，……）。在没有云计算影响的初始状态，该企业的成本约束线为 L1，此时 L1 与等产量曲线 Q1 相切，Q1 就是该企业的最优产量，企业投入的资本量为 K1。一旦应用云计算之后，资本 K 中包含的信息技术投资的价格会显著下降，使企业在同样的成本约束下可以适当增加对资本的投入，在劳动成本不变的情况下，成本约束线就会从 L1 移动至 L2，而此时相切的等产量曲线就变为了 Q2，最佳资本投入变为 K2。由于假定其他资本的价格不变，那么令△K = K2 − K1，可知△K 这个增量都来自信息技术设备的投资增加，也就是这个产业的信息化深度的增加，信息化深度的增加也就带来了企业规模（△Q = Q2 − Q1）的增加，其加总效应就是产业规模的增加。

事实上，增加工业和服务业的信息化深度之后，其效果可能不限于仅仅增加了产业规模，还有可能激发更多的技术创新。非 IT 产业不但获得了更多的存储和计算能力，还在云系统中获得了更多的技术开发应用平台，使研发人员有了更多的创造新技术和新应用的空间。利用这些平台，非 IT 产业的创新可能性更大，很可能带来制造业和服务业的整体技术进步，从而帮助一些传统产业实现技术改造和产业升级。

（二） 增加非 IT 产业的信息化广度

信息化是现代社会中企业提高生产率的重要途径之一，但是信息化对企业来说也是程度不一的。对于资金实力较为雄厚的大中型企业而言，信息化已经是一项基本需求；但是对于众多的小型和微型企业，信息化的普及程度还比较落后。以我国为例，根据工业和信息化部中小企业司提供的调查数据，小企业和微型企业的信息化建设程度是比较低的。在小微型企业中，未雇用专业信息化管理人员的企业占了 35.7%，只有 23.63% 的小型企业和 10.45% 的微型企业有自己的信息化管理部门，而相比之下有 40.51% 的中型企业建立了专门的信息化部门①。

云计算的应用很可能为广大中小企业带来信息化的机会。中小企业难以建立专门信息化部门的主要原因在于资金实力不足，难以支付相对昂贵的信息化投资。由于信息化带有较强的规模效应，对中小企业而言，由于企业规模较小，使得投入信息化建设所得的收益不能弥补投资成本，因此最优选择很可能是不进行信息化建设投资。在云计算服务模式下，

① 数据来自工业和信息化部发布的《我国中小企业信息化调研成果报告》，该报告于 2011 年 12 月发布，向中小微企业发放调查问卷 6000 多份，调查的行业中，机械制造业占 16%，建筑房地产占 13%，商贸物流 10%，纺织服装占 9%，电子信息占 6%，石化能源占 6%，医药卫生占 6%，其他 26%，其中中型企业 15%，小型企业 46%，微型企业 39%。

由于企业从一开始就可以以较低的成本来租用信息技术服务，较为方便地在云计算系统中部署自己的信息化基础设施，大大降低了信息化的门槛，因此信息化的普及程度将可能大大提高。

除了成本之外，云计算应用带来的另一个好处是降低了信息化的风险。相对于大中型企业，小微型企业承担风险的能力比较低。在传统的信息化模式下，企业购买服务器搭建自己的信息化应用系统，存在着较多的风险。例如，需要购买多少台服务器才够用？如果购买过多，可能造成资源的浪费，而购买不足则会影响应用程序的部署。而且，如果雇用的信息部门管理人员和技术维护人员水平不足，则有可能降低整体资源的利用效率。而在云计算模式下，企业可以把自己的系统部署在云数据中心，资源的更新、技术改造和扩展都由云计算服务商来进行操作，许多运行维护的任务也可以交给更加自动化的云系统来完成，云服务商甚至可以根据企业的业务量变化和工作负荷的波动，及时调整企业信息化基础设施的规模，大大降低了小微型企业投资信息化的经济风险。

云计算技术的应用给了更多非 IT 行业中小微型企业进行信息化的机会，大大拓展了各个产业的信息化广度，使信息技术带来的收益被更多的企业分享，从而使更多行业的生产最大可能性边界又向外推进了一步。

（三）提高人力资本总量

除了对生产部门——企业的影响之外，云计算的另一个波及效应就是会使信息技术的使用在社会人群中更加普及，从而可能提高人力资本。

人力资本（Human capital）是指劳动者在进行教育、培训、实践经验、保健等方面的投资之后，所获得的知识和技能的积累之和。关于人力资本的研究由来已久，第一次系统提出人力资本理论的是美国经济学家 Schultz（1961）[①]，他提出，人力资本是促进经济增长的关键因素，有助于提高生产效率和实现规模报酬递增。Schultz 还深入研究了人力资本形成和提高的主要因素，并基于此进一步分析了教育对提高人力资本的作用和对经济增长的贡献率。Becker 等（1992）[②] 则从微观上研究了人力资本投资与收入之间的关系，为 Schultz 的分析建立了良好的微观基础。

云计算对人力资本的贡献首先来自于对远程教育的改善。在传统模式下，远程教育存在信息资源重复建设、共享性差、系统可扩展性与可配置性差、成本昂贵等一系列问题，许多区域性的远程教育中心都建立了独立的数据中心，形成了众多的信息孤岛。在云计算模式下，只要有互联网接入的地方都可以享受云计算带来的信息技术资源，而基于云计算技术的远程教育系统不但资源更加丰富，成本也因为按使用次数付费而更加低廉，使贫困地区的劳动者和学生能享受更多、更先进的教育机会，从而提高劳动者素质、增加人力资本。

其次，随着云计算应用的普及，个人可以使用更简单的设备介入云系统，不需要购买包含了冗余计算能力的电脑，用户设备更加简单、价格更低廉。同时，使用软硬件的成本也因租用而降低，更多的人口有机会接触和使用信息技术产品和服务。在这个过程中，人们可以利用无限的网络知识资源，通过自学拓展自身的各种能力，从而提高人力资本总量。

（四）云计算影响整体经济的机理与路径

前面几节逐步分析了云计算技术应用对信息技术产业和其他各个产

---

① Schultz, W, Investment in Human Capital, American Economic Review, 1961, 51（3）：1-17.

② Becker, G & Murphy, K, The Division of Labor, Coordination Cost and Knowledge, The Quarterly Journal of Economics, 1992, 107（4）：1137-1160.

业的影响，云计算对整体经济的影响就是按照这样的演化路径逐步深入，最终推动一个经济体的增长。

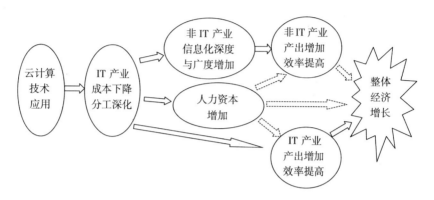

图 3.8　云计算影响整体经济的机理与路径示意图

如图 3.8 所示，云计算技术首先影响的是信息技术产业的供给曲线与需求模式，使信息技术产品、服务和基础设施的成本显著降低，使信息技术产业的分工进一步细化，提高信息技术产业的生产效率。因此，云计算第一波冲击效应波及的主要是信息技术产业，最终使该产业产出明显增加、效率明显提高。

此后，第二波效应将直接影响使用信息技术的非 IT 产业，信息技术投资在总投资中占比越高的产业，波及效应越大。云计算的应用增加了这些产业的信息化深度与广度，使这些产业的劳动生产率进一步提高、产出进一步增加。同时，云计算的普及还可能对全社会人力资本的提升起到一定的促进作用，并由此促进经济体的内涵式增长，这就是周期最长的第三波效应。

上述三波效应叠加在一起，可能将对经济增长起到较为可观的推动作用。这就是类似云计算这样一项通用目的技术影响经济增长的主要机理和演化路径。在下一章，我们将试着对这一冲击效应进行初步的定量分析和预估。

第四章

我国发展云计算的经济效应评估

上一章从经济机理和演化路径上定性分析了云计算对经济的刺激效应，本章将试图基于我国的经济发展现状，对云计算对我国经济可能产生的刺激效应进行初步的定量预测评估。当然，对未来的可能性进行预测是非常困难的，其准确性很难保证，主要是在大体上把握总的趋势变化，同时评估一下云计算经济效应的数量级水平。

一、评估云计算经济效应的技术路线

目前，国内还没有针对云计算技术进行经济效应实证分析的文献和研究成果。但是，国外已经有了一些尝试，例如前面提到的意大利威尼斯大学的 Etro 教授。Etro（2009）[①] 根据欧盟国家的经济数据，预测了云计算技术对欧盟整体经济的冲击效应。从技术路线来看，他的基本思路是在一个经过修正的经典动态随机一般均衡模型（DSGE）的基础上，通

① Etro, F., The Economic Impact of Cloud Computing on Business Creation, Employment and Output in the E. U., Review of Business and Economics, 2009, 54, 179 – 208.

过测算云计算技术应用对使用信息技术的部门因市场壁垒降低而造成的产业繁荣效应，来评估云计算对整体经济的冲击效应。这种方法思路清晰、简洁明了，但是局限性也较强，因为只考虑了使用信息技术的部门，而没有考虑信息技术产业本身的规模扩张效应，因此对云计算的经济效应是低估的，Etro 本人也承认很可能是这样。

本文的思路是与上一章的分析一脉相承的，按照云计算的冲击效应一波一波逐渐递进，从云计算应用的微观案例研究出发，逐步推导出云计算的整体经济效应，如图 4.1 所示。

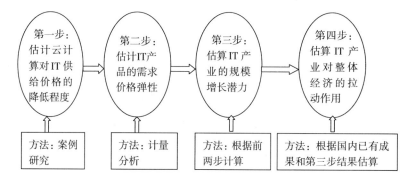

图 4.1　评估云计算经济效应的技术路线

整个估算过程可以分成四步来进行。

第一步，评估云计算技术应用对信息技术产品供给价格的影响。这是云计算影响经济的微观基础，也是云计算最本质的经济学属性。从国外的研究来看，主要采取的是案例研究方法，然后在多个案例研究的基础上，对信息技术产品及服务价格的降低程度进行统计处理，得到一个大体的区间值。典型的例子如 West（2010）[1] 对美国各级政府部门采纳云计算后成本节约的情况进行的案例研究。还有一种方法就是根据技术

---

① West，D.，Saving Money Through Cloud Computing，Governance Studies at Brookings 2010，April 07.

试验的基础数据进行预测，例如 Harms 和 Yamartino（2010）[1] 利用微软公司数据建立模型进行的评估。受条件所限，本文拟采取前一种方法进行研究和预测。

第二步，估算信息技术产品的需求价格弹性。基本的方法是对信息技术产业规模和价格之间的关系进行回归分析，从而得到信息技术产品的价格弹性。其难点在于数据的获取，国内对信息技术产品价格的统计还没有统一有效的数据，各类统计年鉴中都难以找到相关数据。

第三步，根据第一步和第二步的结果进行计算，得到云计算应用对信息技术产业规模的冲击效应。这一步只是简单计算，其准确性主要依赖于前两步的结果。

第四步，根据第三步的结果来估算云计算技术对整体经济的冲击效应。事实上，按照云计算应用的演进路径，应该先估算云计算对信息技术使用部门的冲击效应，再加上第三步的结果，得到总体的经济效应。不过，这种测算比较繁琐一些。其实国内已经有大量文献测算了信息技术产业对整体经济的拉动作用，如果能充分利用这些文献的研究成果，再加上第三步的计算结果，就可以粗略估计出云计算技术对我国经济的冲击效应。

上述技术路线虽然略显粗略，但是比较简便易行。对未来作预测，其准确性一般都难以保证，复杂的方法未必能得到精确的结果。其实步骤越多，误差累积的程度就会越大，其结果未必会更加准确。正所谓"多即是少"，如果能够依照上述步骤初步估计出云计算影响我国经济的大体潜力，就基本可以满足研究的目的了。

另外，本文主要研究云计算对我国经济规模的影响潜力，包括就业

---

① Harms, R., Yamartino, M., The Economiocs of The Cloud, Microsoft, 2010, November.

在内的其他宏观经济变量，限于笔者水平和研究数据的真实性，就不在本文中一一研究了，这也是本研究的局限性之一。

二、云计算对信息技术供给价格的影响评估

判断云计算对我国经济的影响，不能仅仅依靠国外现有的成果，关键还是要把微观基础建立在对国内云计算应用的案例上。通过多个案例的研究，大体可以判断引入云计算对信息技术供给价格的影响程度。前文中分析了云计算对供给成本的影响，但是在现实的市场上，成本下降的幅度与价格下降的幅度毕竟还有一些差别。为了直观地反映价格下降程度，本文选取的案例都是从用户的角度出发，观察和统计云计算技术对用户使用信息技术的花费到底能降低多少。

（一）国内云计算应用的几个案例

目前，还没有一些案例或统计研究表明我国云计算应用对信息技术产品价格的降低程度，这方面的资料非常之少。本文所选择的案例主要来自一手调研资料、会议演讲资料和一些公开报道。这些云计算的用户包括政府部门、企业以及研究机构等几类。

1. 福建省莆田市卫生局"医疗云"项目①

莆田市卫生局"医疗云"项目的目的是要构建一个区域性的、实现医疗数据资源和患者信息完全共享的医疗云计算系统，从而提高计算资

---

① 本案例主要数据来自于莆田市卫生局信息中心主任苏志康提供的资料。这一项目的实际效果还有待于完全建成之后实际运行的检验。

源的利用效率，节省信息技术基础设施投资成本，实现各类医疗机构互补和市民就医机会的均等化。

该项目最终采用了国内华胜天成公司提供的云计算产品及解决方案。项目建成后，将实现莆田市民诊疗信息的共享，使患者不需要在不同医院之间重复看病，可以一次解决问题，节省了重复就医带来的冗余费用。该市每年的门诊量大约为 300 万人次，如果按照重复率为 0.3% 来计算，该项目每年可为市民节省看病费用为 80 万元。此外，该项目同时还建立了医疗数据分析和监控中心，对门诊信息和药物使用情况进行监督，防止药物滥用，同时也监督医疗处理的合理性。

从项目效果来看，医疗云可以为莆田市卫生局节省约 1000 万元的信息基础设施投资，其中包括服务器投资 500 万元、存储设备投资 300 万，以及软件成本 200 万元。初步估算，投资节约比例至少可以达到 80% 左右，这个效果是非常可观的。

2. 煎蛋网的云迁移实践①

煎蛋网是一家以翻译和摘要形式向国内读者介绍海外最新资讯的小型网络企业，从成立至今，该网站坚持原创和轻松随意的写作方式，得到了广大网友的认可，网站十分活跃，拥有数十位兼职作者，已经被各大搜索网站在首页推荐。该网接触云计算的最初原因是因为其托管机房曾受到网络黑客的攻击，导致了网络被切断、IP 被封锁，于是想尝试一下阿里云公司提供的防火墙服务，开始将网站迁移到阿里云系统中。

煎蛋网每天的流量大约是 15 万左右的独立 IP 访问。在使用云计算系统之前，该网使用的是某企业提供的机房托管服务，自己购买服务器，

---

① 参见刘江，感受云计算，从弹性计算开始，http://www.programmer.com.cn/12807/.

委托机房进行管理。总成本大约在3.5万元左右，其中服务器购买成本为2万元，托管费每年约1.5万元。在将文件和图片等网站资源迁移到阿里云之后，不需要再单独购买数据库服务器，只需购买远程数据服务（RDS）即可，而且再也不用担心网站升级、网络攻击和故障问题，这一切问题都由阿里云来统一管理和处理。而且，由于访问量过大导致的网站超载问题也得到了解决。在迁移到阿里云之后，租用服务器和RDS费用加在一起大约在2万元左右，比原来的花费节省了40%以上。

3. 网络教育的云平台案例①

全景赛斯有限公司是我国首家将云计算技术引入网络学习（E – Learning）行业的技术服务商，于2009年率先发布了基于云计算技术的ATEL（Advanced Technology for E – Learning）网络学习云平台。ATEL云为用户提供各项完整的远程教育及网络培训功能，实现了学习的网络化、云端化。该平台包括学习管理、内容管理、统计、报表、对外接口等功能，为用户提供软硬件、网络、存储、维护、升级等云计算服务。

这种云服务方式已经有了一些成功的案例。例如，四川大学、四川省旅游局通过ATEL平台，针对四川省45万旅游从业人员成功推出了专业导游培训项目。再如国家外汇管理局的"进口付汇核销制度改革"培训项目，培训对象为各银行国际业务部、技术部主管及业务骨干，首批覆盖学员量预估为6万人，后期将覆盖至全国40多万中外合资企业及银行的外汇从业人员。

从实施效果来看，按照全景塞斯公司提供的数据，相对于用户利用自有信息技术基础设施来进行网络培训的传统模式，采用云平台之后，包括软硬件和维护等成本在内，大约可以节省70%的费用。

---

① 资料和数据来自全景赛斯公司提供的公开信息。

4. 采用华为云服务的社区网站案例①

与阿里云类似，华为技术公司也提供包括网站托管云服务在内的多种云服务。一个典型例子是一家处于快速发展期的社区网站，该网站每日的页面浏览量（PV）超过300万。这家网站已经从传统的数据中心托管转为使用华为提供的云服务，目前该网站每月支付的运营费用比传统方式下每月支付的机柜租赁和带宽费用还要低一些。从总量来看，以3年为期，用户的运营成本降下将50%左右，而且运营效率会得到很大的提升，具体数据参见表4.1。

表4.1　　　　　网站托管传统方式与云服务方式的成本比较

项目	传统 IDC 托管方式	采用华为云服务方式
服务器投入	50台服务器，分3期投资，合计95万；服务器 CPU 的实际利用率最大36%，平均不足20%	租用云服务器数量60台，公网 IP 地址10个，每月费用：27500元
带宽购买	每日实际峰值带宽70M 左右（晚20~22点），实际购买带宽100M	保底20M，超出部分按需计费，每月支付带宽成本1.25万
机柜租用	租赁6个机柜，每月租金3万	无
运维人员	3人，每人 HR 费用和维护成本（包括差旅）：4.6万	3人，无差旅费用，通过华为云计算平台管理，主要任务是架构分析和优化
3年成本合计	350万元	171万元

数据来源：摘自华为公司提供的资料。

另一个例子是华为桌面云服务，也就是改变传统的个人电脑办公方式，用一个体积很小的智能终端盒来替代电脑主机，将所有工作人员的电脑办公系统放置到云计算系统中。华为桌面云具有传统方式无法比拟的总成本低、移动办公、高效维护、绿色节能等优势。从费用角度来看，使用桌面云（TCO）相比传统桌面成本大约下降30%~40%左右。

---

① 案例数据来自华为技术有限公司，参见华为云服务网站：http://static.hwclouds.com/。

（二）用户引入云计算的成本节约效应估计

上一节分析了国内一些应用云计算的典型案例，本节将在这些案例的基础上为云计算的成本节约效应设定一个区间范围，作为后面继续研究的基础。表4.2里列出了国内外一些云计算应用的成本节约效果。

表4.2　　　　　　　　　　云计算应用的成本节约效果比较

	用户数据来源	成本节约效果
国外数据	美国学者 West 对政府部门采纳云计算后成本节约的情况进行的案例研究	节约 IT 成本 25% ~ 50%
	著名 IT 咨询机构 IDC 对私人部门采用云计算后成本节约情况的调查	节约 IT 成本 20% ~ 50%
	微软公司建立的云计算数据中心成本变化模型的预测结果	云计算中心单台服务器成本将比传统数据中心降低 80%
	著名咨询公司 Gartner 提供的云计算用户统计数据	节约 IT 成本约 30% 左右
国内数据	华胜天成公司与莆田市卫生局合作的"医疗云"项目	节约 IT 投资 80%（预计）
	阿里云公司提供的面向中小企业的云服务项目	节约 IT 成本 40% ~ 50%
	全景赛斯有限公司的网络教育云平台服务	节约 IT 成本 70% ~ 75%
	华为技术有限公司提供的网站托管和桌面云服务	节约 IT 成本 30% ~ 50%
最小值		20%
最大值		80%
平均值（区间）		46% ~ 58%

数据来源：见第一章、第四章脚注。

从表4.2列举的数据来看，除了微软公司的模型预测数据之外，国外的调查数据相对而言普遍比国内案例数据更低一些。也就是说，从实际应用案例的角度来看，国内用户的成本节约程度似乎比国外还高一些。由于国内外云计算产业的发展程度不一，美欧等发达国家的发展水平是高于我国的，因此出现这样的结果与我们的直觉是有些差异的。

出现这样的情况至少有两个原因。第一，国外数据较为全面，调查统计的企业数量比较多，因此可信度更高一些；而国内数据主要来自一些典型的应用案例，这些都是相对比较成功的案例，因此代表着较高的而不是平均的水平。第二，国内案例数据主要来自国内的一些云计算服务提供商，出于业务宣传的考虑，数据有可能在一定程度上有所放大。

在表 4.2 所有的数据中，最小的 IT 成本节约极值是来自 IDC 的 20%，最大的极值是来自微软和华胜天成的 80%，而平均值的区间大概在 46% ~ 58% 之间。考虑到最大值 80% 是预测值而不是实际应用数据，应该对最大值的估计更保守一些。另一方面，鉴于普遍性和可信度等原因，对国内提供的案例数据应该做一定程度的调整。综合考虑这些数据，我们对云计算 IT 成本节约效果做出两种情形的估计，作为后面分析的前提条件和数据基础：①保守估计，假定云计算的成本节约效果只是将用户目前的 IT 成本降低 20%；②一般估计，假定云计算的成本节约效果会将用户目前的 IT 成本降低 40%。

三、云计算对信息化和信息技术产业的影响程度评估

评估云计算对信息技术产业的影响程度，主要思路是在上一节数据的基础上，计算信息技术需求的价格弹性，然后再计算出信息技术产业可能的规模变化程度。由于国内还没有信息技术产品价格的全面统计，因此最大的难点在于利用什么样的数据来计算价格弹性。

（一）信息技术价格及产业规模数据的选择

由于我国对信息技术产业的统计起步较晚，因此还没有关于信息技

术产品价格的历史统计数据。国内只有两个影响较大的区域价格指数，虽然推出时间并不长，但是也在一定程度上反映了信息技术市场的价格变化程度。这两个指数分别是深圳的"华强北·中国电子市场价格指数"（以下简称"华强北指数"）和北京的"中国·中关村电子信息产品指数"（以下简称"中关村指数"）。

1. 华强北指数①

华强北指数是以深圳市华强北电子产品交易市场上的各类产品报价为基础建立的，是反映华强北市场上电子元器件、手机、数码和 IT 等各种电子产品在不同时期价格水平变化方向、趋势和程度的重要经济指标。该指数得到了信息产业部的大力支持，由深圳市福田区科技局牵头，赛迪顾问股份有限公司设计并实施，于 2007 年 10 月 12 日高交会期间正式对外发布。它由一个综合指数和四个板块指数组成：综合指数即"华强北电子市场价格综合指数"，是对电子市场所有产品交易状况的综合反映；四个板块指数分别为电子元器件指数、手机指数、数码产品指数和IT 产品指数。

华强北指数计算的基本原理是：首先根据市场交易规模、产品结构、产品生命周期等指标选定一定数量的代表产品，并确定其权重；然后计算 2007 年 8 月 11 日上午 9：00 至 8 月 17 日下午 6：00 这一时间段里（基期）选定产品的分级归类加权平均交易价格，与之对应的基期指数值设定为 100；用以后各期的加权平均价格与基期的加权平均价格作比较，其百分比值就是该期的价格指数。

2. 中关村指数②

中国中关村电子信息产品指数，由商务部编制发布，是公益的数据

---

① 参见华强北指数网站：http：//www.hcsindex.org/。

② 参见中关村指数网站：http：//www.zgcprice.org/。

提供机构，是以中关村海龙、鼎好、E世界、科贸四大电子市场的450家经销商作为数据采集点，以其销售的市场热销品销量为权数的加权平均指数，是反映中关村电子市场波动趋势最有影响的电子信息产品指数。

中关村电子信息产品指数包括价格指数、景气指数两个指数。该指数于2010年7月31日首次公开发布，基期为2008年7月31日，基期指数定为100。价格指数按周进行编制，包括电脑整机、消费数码、手机通讯、电脑配件、办公外设、游戏产品、数码配件、耗材产品、软件产品、存储设备10大类产品的总价格指数及各大类、中类、品牌等单项价格指数。价格指数反映中关村电子市场各类电子产品价格的变化趋势。景气指数按月进行编制，包括总景气指数、各子类产品及品牌景气指数，景气指数包括规模指数、收益指数和信心指数等。景气指数反映中关村电子市场的景气运行状况及变动趋势。价格指数每周发布一次，景气指数每月发布一次。

3. 指标的比较与选择

客观地说，这两个价格指数都带有一定的区域性特点，用于代表全国的价格水平有一定的局限性。但是，在没有全国性数据的情况下，选择其中之一作为基础数据也是一种次优选择。

从这两大指数的构成来看，它们之间还是存在一些较为明显的区别。第一，华强北指数带有明显的中间产品特征，其中很大一部分是电子元器件的价格指数，电子元器件并不是最终产品，而是被企业采购来生产电子信息产业最终产品的；而中关村指数更多是体现了电子信息最终产品的价格指数，直接面向企业或消费者用户。第二，华强北指数是以硬件为主构建的价格指数，带有明显的制造业特点；而中关村指数则包含了软件、耗材、游戏等产品的价格，同时反映了信息技术软硬件产品的价格，相对而言更加全面一些，也更具有代表性和典型性。

除此之外，中关村指数还包含了以销售额等为基础编制的景气指数，这就使本文可以利用中关村的价格和景气指数来计算信息技术产品的需求价格弹性。如果只是利用一个区域性的价格指数和全国信息产业的规模数据来进行计算，就不免产生较大的误差。综合这些优势，本文将选择中关村指数作为计算我国信息技术产业需求价格弹性的基础数据。

还有一个需要说明的问题是，价格指数和价格之间存在一定的区别。中关村价格指数是以 2008 年 7 月 31 日为基期，将基期指数定为 100，然后计算当期价格与基期价格之比，再乘以 100，得出当期价格指数。不过，从计算需求价格弹性的角度来看，直接使用价格指数数据来计算需求价格弹性是没有问题的，不影响最终的计算结果。对此，简单证明如下。

假定 2008 年 7 月 31 日中关村电子信息产品综合价格为 P_0，销售额为 Q_0，此时价格指数为 100，销量指数为 1000；假定当前电子信息产品综合价格为 P_1，销售额为 Q_1，此时价格指数为 X，销量指数为 Y。那么，有等式：

$$\frac{P_1}{P_0} = \frac{X}{100}，以及\frac{Q_1}{Q_0} = \frac{Y}{1000}$$

所以，

$$\frac{P_1 - P_0}{P_0} = \frac{X - 100}{100}，以及\frac{Q_1 - Q_0}{Q_0} = \frac{Y - 1000}{1000}$$

$$令 \Delta P = P_1 - P_0，\Delta Q = Q_1 - Q_0，$$

那么，

$$\frac{\frac{\Delta Q}{Q_0}}{\frac{\Delta P}{P_0}} = \frac{\frac{1000 - Y}{1000}}{\frac{100 - X}{100}}，证毕。$$

由上述简单证明可见，如果不考虑区域性因素，本文可以直接根据中关村指数中的价格指数和景气指数来计算信息技术产业的需求价格弹性。而且，北京中关村电子市场的产品绝不是仅仅在北京地区销售的，很多外省市的电子信息产品都是从北京中关村市场批发的，因此，中关村指数在一定程度上也能代表全国的电子信息产品的市场变动情况，这也是该指数被商务部采用的一个重要原因。

（二）信息技术需求价格弹性的计算

一般而言，决定产品需求弹性的解释变量主要有两个，一是消费者收入水平，二是该产品的价格。当然，产品本身的其他属性对需求弹性也会有一定的影响。比较好的计算方法是同时考虑消费者收入水平和价格变化的影响，建立方程进行计量分析。但是，本文进行分析的困难在于，中关村指数由于建立时间较短，年度数据根本不足以建立一个可用的数列，只能采用月度数据比较合适。而另一方面，无论是全国的人均收入还是北京市的人均收入，都只能获得年度和季度数据，没有可用的月度数据。因此，本文只能舍弃收入对弹性的影响因素，单独分析价格对需求的影响。在假定收入与价格两个变量不相关的前提下，也不会影响最终的分析结果；即使收入和价格之间有一定的相关性，也不会对分析结果产生重大或颠覆性的影响。

表 4.3　　　　　　　　中关村电子产品指数基础数据

月度	2011 年		2012 年									
	11 月	12 月	1 月	2 月	3 月	4 月	5 月	6 月	7 月	8 月	9 月	10 月
价格指数	88.21	88.06	88.86	88.51	88.70	88.75	88.94	88.93	88.47	87.84	87.64	87.02
景气指数	1028.5	1019.3	1013.1	1037.5	974.7	1002.7	1005.7	994.17	1004.7	1031.8	1045.0	1049.7
销量指数	11.660	11.574	11.401	11.721	10.988	11.298	11.308	11.179	11.356	11.746	11.924	12.063

数据来源：价格指数、景气指数来自中关村指数网站：http://www.zgcprice.org/；销量指数根据景气指数与价格指数之商计算。

　　计算需求价格弹性，主要是要获得价格和销售量两个指标。从目前中关村指数网站提供的数据来看，可用的主要是价格指数和景气指数。其中，景气指数主要基于中关村市场的销售额，以及商家获利和市场信心情况调查，可以用来近似地代表市场同期销售收入规模，那么，电子产品的销售量就可以用景气指数和销售价格指数相除得到的商来代表。

　　考虑到计算需求价格弹性的前提是要保证产品保持不变的质量，而信息产业一直处于技术更新换代非常迅速的状态，因此如果选择一段较长时期（例如 2~3 年）的数据就很难保证产品质量的稳定性。例如，如果手机产品在数据选择期内出现了类似于苹果公司智能手机这样的换代产品，那么产品质量不变的前提假定就不复存在，价格指数所对应的产品就出现了质的变化，直接影响了需求价格弹性计算结果的准确性。因此，本文选择了近一年来的月度数据作为分析基础，这样可以理解为一年之间信息技术产品不会出现大的技术变更，因此产品质量是相对稳定的。基于上述数据，可以运用最小二乘法来估计信息技术的需求价格弹性。

　　首先，建立一个常数价格弹性模型，这是比较常用的市场反应函数之一，其函数表达式如下[①]：

$$Q = \alpha \cdot P^{\beta} \cdot e^{\varepsilon}$$

　　其中，Q 代表电子信息产品的销售量，P 代表以销量加权平均的电子信息产品价格，α、β 为常数，ε 则代表模型设定所产生的误差（Specification Error）以及随机误差的误差项。那么，对等式两边取对数可得：

$$\ln Q = \alpha + \beta \ln P + \varepsilon$$

　　由于：

---

　　① 参见胡志刚（2011），中国电冰箱行业需求价格弹性与市场份额关系的实证研究，《山东财政学院学报（双月刊）》，2011 年第 2 期。

$$\frac{\partial \ln Q}{\partial \ln P} = \frac{dQ/Q}{dP/P} = \frac{dQ}{dP} \cdot \frac{P}{Q} = \beta$$

所以，β 就是我们要计算的需求价格弹性系数。

利用表 4.3 的数据，用最小二乘法进行回归可得：

$$\ln Q = 18.21 - 3.52\ln P + \varepsilon$$

t 统计量：　　　　　　　　　(6.29)　(5.45)

α、β 的 t 统计值分别为 6.29 和 5.45，F 统计量为 29.65，通过了 1% 的显著性检验，在 1% 水平上仍然显著。拟合优度 R^2 值为 0.7478，表明价格因素可以解释电子信息产品销售量的 75% 左右，其余部分可能是受用户收入水平变化等外在因素的影响。

根据上述计算结果，信息技术产品的需求价格弹性系数大约为 3.52，这说明信息技术的需求是富有弹性的，这与一般理论分析得出的结论是一致的。

（三）云计算对信息技术使用量及产业规模的影响估计

根据上文中对云计算影响信息技术产品价格的程度和信息技术产品需求弹性系数的估算，就可以进一步估算出云计算技术应用后对信息技术产业的刺激程度。如果信息技术产品的价格下降 x%，那么信息技术的总使用量（也就是总销售量）将会增加 $\beta \cdot X\%$。

云计算技术对信息产业销售收入的影响也可以根据上述数据来估算。假定应用云计算之前，信息技术产品平均价格为 P_0，总销售量为 Q_0，信息产业销售收入为 R_0；云计算技术应用之后价格下降为 P_1，总销售量上升为 Q_1，信息产业总销售收入为 R_1。那么：

$$P_1 = P_0 \cdot (1 - x\%)，且 Q_1 = Q_0 \cdot (1 + \beta x\%)$$

因此，销售收入的上升幅度为：

$$\frac{\Delta R}{R_0} = \frac{R_1 - R_0}{R_0} = \frac{P_1 \cdot Q_1 - P_0 \cdot Q_0}{P_0 \cdot Q_0}$$

$$= \frac{P_0(1 - x\%) \cdot Q_0(1 + \beta x\%) - P_0 \cdot Q_0}{P_0 \cdot Q_0}$$

$$= (1 - x\%) \cdot (1 + \beta x\%) - 1$$

根据上述计算公式，可以简单计算出在云计算技术的冲击下，我国信息技术使用量和信息技术产业规模的增加程度，具体计算结果见表4.4。

表4.4　　　　　云计算对信息技术使用量及产业规模的影响

不同情形	一般估计	保守估计
云计算导致IT成本下降的程度（%）	40	20
云计算导致信息技术使用量的增加程度（%）	140.8	70.4
云计算导致信息技术产业营收规模的增加程度（%）	44.5	36.3

由表4.4可以看出以下两点。

①在一般估计的情形下，云计算技术的冲击效应可望使整个社会对信息技术的使用量最终增加140.8%，同时使信息技术产业的总体规模（以营业收入来衡量）增长44.5%。

②在保守估计的情形下，云计算技术的冲击效应可望使整个社会对信息技术的使用量最终增加70.4%，同时使信息技术产业的总体规模（以营业收入来衡量）增长36.3%。

由此可见，一方面，如果仅从云计算技术对信息技术产业本身的影响来考察，在不同情形下，可望导致信息技术产业规模增长35%～45%左右。云计算的成本节约效应与信息产业规模增长之间也并不是呈完全的正比例关系，这是因为，如果价格降低得过多，就会在一定程度上抵消销售量增长的正效应；极端的情况下，如果价格降为0，那么产业总规模就是0了。

事实上，云计算的经济效应更多的是体现在对我国信息化程度的不断加深上，信息化程度的加深会提高包括信息产业本身在内的所有使用信息技术的产业的劳动生产率，从而对经济体产生极其深远的影响，带来技术红利，显著增加我国经济的未来增长潜力。上述数据中，整个社会对信息技术的使用量可以代表一个经济体的信息化程度，也就是说，云计算技术的应用最终会导致我国信息化程度的大大提高，从而使经济和产业的生产效率得到提高，推动经济增长。

（四）本节估算方法的局限性

尽管已经计算出了定量的结果，但是要说明的是，本节采用的计算方法还是有一些局限性，主要存在于以下几个方面。

1. 计算需求价格弹性选取了区域性数据

尽管上文中对中关村指数的代表性和典型性已经有所说明，但毕竟只是一个区域性市场的数据。把中关村指数作为电子信息市场的一个"晴雨表"当然可以，但是用来计算我国信息技术产品的整体需求价格弹性，不免会产生一些误差。

2. 关于销量指数的计算

本文中使用了景气指数与价格指数之商来代表信息技术产品销量的。其中景气指数主要决定于市场销售额，但是也包含了市场利润和商家信心的因素，因此会存在一定的误差。不过，考虑到数据的可得性，也只能利用现有的数据来进行计算和模拟。

3. 采取了收入变量与价格变量不相关的假定

本文只对销售量和价格之间的关系进行了回归，事实上收入也是决定需求弹性的一个重要变量。本文分析的结果表明，价格变量只能解释需求变动量的 74% 左右，其他部分可能决定于收入等因素。如果假定，收入与价格是完全不相关的两个变量，那么本文的计算结果就是没有问题的。但是，在现实中收入与价格肯定会存在一定的相关性，对此，由于收入的月度数据不可得，本文只能采取了不相关的假定，也可能会导致价格弹性系数 β 出现一定的误差。

4. 缺乏同等质量下信息技术产品价格变动的有效信息

按照严格意义，计算需求价格弹性应该采取同等质量下产品价格变动的数据，而中关村指数只考虑不同类别电子信息产品的价格变化，而不考虑由于技术更新换代带来的产品质量变化。本文采取的办法是采用近一年期间的月度价格数据，这样做的考虑是尽量保持产品质量的稳定性。在摩尔定律的作用下，信息技术产业的产品升级换代速度非常之快，如果选取的数据跨度时间太长，就会影响计算结果的准确性。这也是本文计算方法不得不面对的局限性之一。

四、云计算技术应用对我国经济增长的影响

上文中估算了云计算技术应用对信息技术产业的影响，如果基于该估算结果来进一步估计云计算对我国经济增长的影响，那么关键的问题就在于如何找到信息技术产业与我国经济增长之间的关系。对信息技术对于经济增长的贡献率的研究，国外已经有了很多有价值的文献，也形成了较为成熟的计算方法。典型的文献如 Jorgenson 和 Stiroh（2000）对信息技术对美国经济增长贡献率的研究[①]，他们根据索洛创立的增长率核算的办法，以计算机设备制造业、软件业和通信设备业作为信息技术产业的组成部分，将美国经济增长的部分进行了分解。其中信息技术的贡献

---

① Jorgenson, Dale W., and Kevin J. Stiroh, Raising the Speed Limit: U. S. Economic Growth in the Information Age, Brookings Paper on Economic Activity 1: 125 –211, 2000.

主要体现为两部分：一是信息技术生产部门的资本深化对整个经济体资本深化的影响，二是信息技术部门生产率提高对经济体的全要素生产率（TFP）的影响。国内也有一些研究信息技术对经济增长贡献的文章，本文主要依据国内的一些计算方法和结果，来进行进一步的研究。

（一）研究信息技术对我国经济增长影响的方法及评价

1. 主要研究方法及文献综述

对于研究信息技术或信息产业对我国经济增长的影响，我国许多学者进行了探索和尝试，其中有些方法也存在着非常明显的问题和谬误。总结起来，大概有以下 3 种研究方法。

（1）按照增长率核算方法对增长源泉进行分解

这一方法沿袭了 Jorgenson 等美国学者的计算方法，用中国的数据进行实证分析。典型的文献如王宏伟（2009）[①] 对信息产业与我国经济增长关系所做的实证分析。该文在分析信息产业定义范围的基础之上，把目前的我国主要经济部门划分为 29 个主要产业，并按照 Jorgenson 等学者创立的方法把这 29 个产业部门进一步划分为 IT 生产业、IT 应用业和非 IT 业。在产业分类的基础上，该文对经济总量、不同组产业和各个具体产业都进行了增长贡献率的核算，见表 4.5。

表 4.5　1987～2007 年分组行业和总量经济增长源泉分析（%）

	1987～1992	1993～1997	1998～2002	2003～2007
经济增长	100	100	100	100
IT 生产业	2.17	10.66	14.48	23.39
IT 应用业	20.04	20.43	21.58	25.17
非 IT 业	77.79	68.91	63.95	51.44

① 王宏伟，信息产业与中国经济增长的实证分析，《中国工业经济》，2009 年第 11 期。

续表

	1987～1992	1993～1997	1998～2002	2003～2007
资本投入	40	35.31	65.00	65.22
IT 生产业	1.04	1.32	6.38	10.48
IT 应用业	3.76	4.62	7.21	12.84
非 IT 业	35.20	29.37	51.42	41.89
劳动投入	9.47	2.04	-3.32	9.81
IT 生产业	0.12	-0.02	-0.49	6.62
IT 应用业	1.22	-0.48	-2.33	3.42
非 IT 业	8.14	2.53	-0.50	-0.23
全要素生产率	50.53	62.65	38.32	24.97
IT 生产业	1.01	9.37	8.59	6.29
IT 应用业	15.06	16.28	16.70	8.92
非 IT 业	34.46	37.01	13.03	9.77

该文分析结果表明，从分组行业贡献率的角度看，1987～2007 年期间 IT 生产业和 IT 应用业对我国经济增长的贡献率呈不断上升趋势，其中 IT 生产业高速增长，对经济增长的贡献率上升速度非常之快，而非 IT 业对经济增长的贡献率则呈很明显的下降态势。从资本深化的角度看，尽管 IT 生产业、IT 应用业和非 IT 业的资本量都在不断扩大，但是前两者的增长速度明显快于后者。从 TFP 的变化情况来看，IT 生产业呈快速增长态势，而其他两组行业则有所下降。总体上看，经济增长对信息产业的依赖程度呈现出不断提高的趋势。

（2）利用信息存量构建信息化指标进行实证分析

第一种分析方法相对比较复杂，计算量较大。国内还有学者采用了直接构建信息化指标作为增长要素之一来进行增长率分解的办法，用来间接地研究信息产业与经济增长之间的关系。徐升华、毛小兵（2004）[①]为了测度信息产业对我国经济增长的贡献，构建了一个信息资源丰裕度

---

① 徐升华、毛小兵，信息产业对经济增长的贡献分析，《管理世界》，2004 年第 8 期。

系数 I，并将 I 作为与资本 K 和劳动 L 并列的生产要素之一，对我国经济增长进行回归分析。该系数包含两个部分，第一部分称为基本信息资源生产能力，包括人均专利、图书、杂志、报纸、音像制品等数量；第二部分称为基本信息资源发展潜力，包含人均计算机、通信、邮电、新闻、文化、娱乐等设施的拥有量，以及各类科技人员和不同教育程度人员数量等。分析结果表明，1989～2001 年期间，信息资源丰裕度系数和我国实际 GDP 之间存在显著的相关关系，该系数每增长 1 个百分点，会引起GDP 增长 0.2527 个百分点。

（3）利用信息产业增长部分占 GDP 增长部分比重来计算贡献率

这种方法更加简单、直观，直接计算信息产业增加值在每年的增长部分，然后与 GDP 增长部分相除，得到的比值就作为信息产业对 GDP 增长的直接贡献率。这种方法可称之为信息产业对经济增长的直接贡献。杜伟锦、李红升（2005）计算了 1992～2001 年期间信息产业和 GDP 的实际增长，并对信息产业的直接贡献率进行了计算。该文划定的信息产业范围包括电子及通信设备制造业、通信业、软件和信息服务业、电子信息产品销售业和广播电视业五个部分，既包含了制造业，也包含了相关服务业，是一种比较全面的定义。其分析结果如下。

表 4.6　1993～2000 年信息技术产业对 GDP 的直接贡献率　　　单位：亿元

年份	1993	1994	1995	1996	1997	1998	1999	2000
GDP 实际增长	3090.0	3191.2	3265.9	3143.6	3198.5	3044.6	3029.1	3608.0
IT 产业实际增长	354.5	322.4	573.4	348.2	773.1	1062.1	964.6	1198.8
贡献率（%）	11.5	10.1	17.6	11.1	24.2	34.9	31.2	33.2
GDP 实际增长率（%）	13.5	12.6	10.5	9.6	8.8	7.8	7.1	8.0
IT 产业的贡献（%）	1.5	1.3	1.8	1.1	2.1	2.7	2.3	2.7

该文①的测算结果表明，正是信息产业的高速增长，在很大程度上支撑了 20 世纪 90 年代后期我国经济的增长。1997~2000 年，信息产业对我国经济增长率的贡献均在 2 个百分点以上，贡献率在后三年甚至超过了 30%。

2. 对国内研究方法和结果的评价

上述三种研究方法都具有一定的代表性，但是也都有很明显的缺憾。

第一种方法比较规范，但是限于数据的可得性，把通信设备、计算机及其他电子设备制造业等同于信息产业，忽略了软件服务业、电信业等服务业的部分，使计算结果的有效性大打折扣。国外学者用了同样的方法，但是对信息技术产业的组成范围界定为计算机设备制造业、软件业和通信设备业，相比之下更有代表性，计算结果的真实性也更有效一些。另一方面，这种方法测算了 IT 应用业对经济增长的贡献，但是无法确定其中 IT 投资所起的作用。也就是说，不太容易计算信息技术对所有非 IT 产业（包括 IT 应用业）的增长所起的作用。因此，也就很难估算信息技术对我国经济增长的全部贡献。

第二种方法属于国内学者的一种尝试，思路上问题不大，关键在于对信息化指数的构建。这种信息资源系数的构建具有很大的随意性，有时很可能根据计算结果来进行调整。而且，该系数中包含的很多变量其实与信息产业的关系并不大，比如识字人数、中小学教育程度人数、图书音像拥有量等，很难准确地代表信息产业或者信息化程度。因此，其计算的真实有效性也很难得到普遍认同。

第三种方法简单直观，计算结果的可信度较高。但是，这种方法只能计算信息产业对我国经济增长的直接贡献，无法计算因为信息化程度

---

① 杜伟锦、李红升，信息产业对中国经济增长影响实证研究，《华中科技大学学报·社会科学版》，2005 年第 1 期。

不断加深对 IT 应用产业等其他产业的间接增长贡献。因此，这种方法无疑是低估了信息产业对我国经济增长的贡献程度。

其实除了这三种研究方法之外，还有一些学者直接对我国信息产业的增加值和 GDP 进行协整分析，计算 GDP 对信息产业增加值的弹性，然后对两者进行格兰杰因果关系检验[①]。这种计算方法忽略了信息产业与经济增长的内在联系，只是对两组数据进行了相关性观察，没有合理的经济含义。因此，无论是方法还是结果，都存在较多的谬误，不值得借鉴。

（二）云计算对我国经济增长的影响：一个不完全的估计

1. 研究方法的选择

本文的研究思路是，先找到云计算和信息技术产业之间的关系，再分析信息技术产业和经济增长之间的关系，并以此来推断云计算技术应用对我国经济增长的影响。基于上文中对当前文献和研究方法的总结，本文拟选择较为简单的第三种方法作为本文进行分析的主要方法。

第一种方法比较规范，但是不适合用来作预测分析。除了上文中所提及的一些局限性之外，关键是难以利用反推的方法来预测信息产业增长所带来的 GDP 变化程度。该方法本来就已经采用了狭义的信息产业定义，低估了信息产业的贡献，如果简单反推预测的话，则一定会高估了信息产业对经济增长的贡献。举个例子，假定这种方法的研究结果是过去 5 年中经济增长的 25% 来自信息产业的贡献，但是不能就此推断未来 5 年信息产业每增长 1 美元，就会带来我国经济 4 美元的增长。对信息技术的历史贡献低估的越多，反推的时候就会越高估，也就会离现实越远。

[①] 典型的文献如张新立、田野，中国信息产业与经济增长关系实证分析，《大连海事大学学报（社会科学版）》，2009 年第 5 期；以及张安，信息产业对经济增长影响的实证研究，《信息技术》，2006 年第 7 期。

第二种方法也难以用来作预测分析。因为所谓的信息资源系数的增长情况与信息产业的增长之间可能会有一定的相关性，但是肯定不会有严格的函数关系。这是因为，这一类指数是由作者主观构建的，其构建的依据是根据一般性的判断，而不是根据信息产业的产品销售量来进行指数构建的。如果试图将信息产业销售量的增长等同于信息资源丰裕度系数的增长，那么很可能预测结果会产生不可控的误差。

第三种方法简便易行，尽管难以全面衡量信息产业、尤其是信息化对我国经济内涵式增长的贡献，但是从方法上不会产生根本性的谬误。在找不到合适方法的前提下，是一种无奈的次优选择。

2. 云计算对我国经济增长的直接影响

在第三章的分析中，我们把云计算影响我国经济增长的效应分为三波：第一波是云计算技术应用引发的信息技术产业的增长，作为国民经济的一个重要组成部分，信息产业的增长直接导致了经济总量的增加；第二波和第三波效应分别是云计算对非 IT 产业的生产率提高的影响和对劳动力素质、人力资本提高的影响，从而引起更加长期和深远的经济增长效应。此处将第一波效应定义为云计算对我国经济增长的直接影响，将第二、第三波效应定义为云计算对经济增长的间接影响。可以采用上文中提到的第三种简单方法来估计云计算的直接影响，但是对于间接影响，却很难进行定量的预测。

首先来计算云计算技术应用对未来我国经济增长可能产生的直接影响。这主要基于两个变量来计算：一是云计算技术会引起信息技术产业增长多少；二是信息产业在我国经济总量中所占比重是多少。前一个数据基于上文中表4.4的计算结果，后一个数据则要计算目前我国信息产业增加值占我国 GDP 的比重。

目前，对信息产业的定义范围和口径，应该说还存在一些争议，从

《中国统计年鉴》中也找不到信息产业的统计数据。电子工业出版社出版的《2011中国信息产业年鉴》提供了电子信息产业制造业工业增加值增长情况和软件业完成工业增加值的情况，但是缺乏信息产业中服务业增加值的数据。正是由于统计数据的问题，国内学者在做研究时往往根据自己的研究需要来选择数据统计的范围。例如，在上文提到的国内文献中，王宏伟（2009）直接把通信设备、计算机及其他电子设备制造业等同于信息产业，而杜伟锦、李红升（2005）则计算了包括电子及通信设备制造业、通信业、软件和信息服务业、电子信息产品销售业和广播电视业五个部分在内的信息产业。

为了避免高估或者低估我国信息产业的总量，本文采用国务院新闻办公室发布的官方文件《中国互联网状况》白皮书中提供的关于信息产业的数据。该文章提出，"过去16年，包括互联网在内的中国信息产业增加值年均增速超过26.6%，占国内生产总值的比重由不足1%增加到10%左右[①]。"也就是说，包含互联网服务业在内，目前我国信息产业增加值占GDP的比重大概在10%左右。假定未来几年信息产业的增加值率不发生变化，那么如果未来信息产业规模实际增长1%，那么就会直接引致我国GDP实际增长0.1%。

对云计算的直接经济效应做出估算后，还可以根据云计算技术冲击我国经济的时间跨度来粗略估算它对未来几年我国经济年度增长率的直接贡献，关键是要确定云计算在我国从开始引入到发展至规模相对稳定、产业相对成熟的阶段，需要几年的时间，即云计算的冲击效应需要几年的时间。根据目前国内一些咨询机构和学者的判断，云计算产业可能将在未来3~5年出现爆发式的增长，大概在5年之后会进入相对成熟和普

[①]　参见《中国互联网状况》白皮书第二部分：促进互联网广泛应用，中国国务院新闻办公室2010年6月8日正式发布。

及的阶段[①]。基于此，我们假定云计算对我国经济的冲击大约还会持续 5
年，来计算未来 5 年云计算技术应用引致的我国 GDP 年均增长率。根据
上述假定和基础数据，计算结果见表 4.7。

表 4.7　　　　　　云计算对未来我国经济增长的直接影响估计

不同情形	一般估计	保守估计
云计算导致 IT 成本下降的程度（%）	40	20
云计算导致信息技术产业营收规模的增加程度（%）	44.5	36.3
云计算直接导致我国 GDP 的增加程度（%）	4.45	3.63
假定冲击效应持续未来 5 年，每年直接引致的 GDP 增长率（%）	0.87	0.72

由表 4.7 可以看出，在本文的两个重要假定条件（信息产业增加值率
不变、云计算冲击效应持续 5 年）下：①在一般估计的情形下，云计算技
术的直接冲击效应可望引起我国经济总量实际增长 4.45%，未来 5 年平均
每年增长 0.87%；②在保守估计的情形下，云计算技术的直接冲击效应可
望引起我国经济总量实际增长 3.63%，未来 5 年平均每年增长 0.72%。

客观地说，这一结果是在许多假定条件的基础上估算出来的，而且
未来的发展过程可能与本文的计算结果并不一致。其实不必过于看重预
测数据的准确性，因为做经济预测本身就是一项值得质疑的工作，关键
在于通过粗略的估算，可以看到云计算作为一项新的潜在通用目的的技术，
应该引起足够的重视，并在未来产业政策的制定与安排中给予适当的推
动和关注。

3. 无法定量估算的间接影响

可以肯定地说，这种估算是非常不完全的，没有考虑云计算可能带

---

① 参见全球著名研究咨询机构 Gartner 公司发布的《2011 年新兴技术成熟度曲线报告》，
2011 年 8 月发布；以及我国著名 IT 咨询机构计世资讯发布的研究报告《中国云计算发展现状与
趋势》，2010 年 12 月发布。

来的对非 IT 产业、对劳动者素质提高的影响。至于是直接影响还是间接影响对我国经济的影响更加多一些，还要看云计算技术对信息技术产品及服务的价格影响程度有多大。

仍看表 4.4，如果我们做一个比较乐观的估计，假定云计算导致 IT 成本下降的程度会达到 60% 的话，那么引起的以货币价值衡量的信息技术产业规模的增长程度将只有 24.5%，但是对信息技术使用量的影响将达到 211.2%。也就是说，此种情形下的信息产业规模增长程度还不如保守估计的情形，但是整个社会对信息技术的使用量将会翻一番，大大增加了信息化的深度和广度。在这种情形下，云计算对我国经济的直接影响很可能是小于间接影响的。

由此可见，如果云计算导致信息技术供给价格下降非常之大，即使销售量也成倍增加，那么信息产业的规模就会受到价格下降过多的负面影响，从而体现出较小的直接经济影响，而更多的是由于信息化普及带来的间接影响。

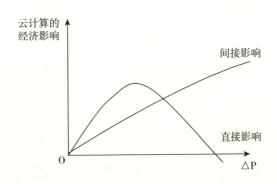

图 4.2　云计算经济影响的示意图

如图 4.2 所示，$\triangle P$ 代表云计算导致信息技术供给价格下降的程度。$\triangle P$ 比较小的情况下，云计算的直接经济影响（即表 4.7 估计的直接影响）比较显著，而间接影响可能相对比较小；但是如果 $\triangle P$ 比较大，那么云计算的直接经济影响就会比较小，甚至会变成负值，即导致信息产业

出现负增长的情况，但是全社会的信息化程度将大大增加，从而带来非
常可观的间接经济效应。本文只对直接影响做出了粗略的估计，而间接
影响则限于数据和现有的研究方法，无法做出定量的估计。

五、云计算技术应用对我国相关产业的影响

（一）未来受云计算影响较大的非 IT 部门

正如上文所指出的，云计算除了直接影响信息技术产业规模的增长，
更重要的是还会影响诸多的非 IT 产业，尤其是那些信息化需求比较大、
IT 投资比较多的部门。对 IT 投资需求较大，意味着这一行业受益于信息
技术的程度较深，以云计算为代表的信息技术变革可能对这些行业带来
较多的资本深化和全要素生产率提高的效应。表 4.8 列出了国内咨询机构
计世资讯有限公司发布的 2011 年我国 IT 投资规模较大的一些行业。

表 4.8　　　　　　　　2011 年 IT 投资较大的非 IT 行业

行　业	IT 投资规模（亿元）
制造	596.1
金融	480.0 *
政府	464.9
交通	384.6 *
教育	363.3
能源	319.4
医疗卫生	151.4
流通	109.2

注：* 为预测值。

资料来源：计世资讯（CCW Research），《2012 年中国重点行业及产品趋势研究报告》，
http：//www. ccwresearch. com. cn/。

如表 4.8 所示，2011 年我国 IT 投资较多的行业包括制造业、金融

业、政府部门、交通运输业、教育行业、能源产业、医疗卫生行业和流通业。这些行业的 IT 投资总规模都超过了 100 亿元，最多的制造业已经接近 600 亿元的 IT 投资规模。IT 投资规模越大，受云计算技术应用的影响和冲击就可能越大。云计算技术在这些行业的逐步渗透，将会大大降低这些行业 IT 投资的总成本，将大量的 IT 基础设施从行业内部的企业转移到大规模的云计算数据中心，并以租用的方式提供给这些行业使用。除了降低成本之外，这些行业的企业或单位都会使用云系统提供的更加多样化的 IT 产品和服务，并能快速更新自己的 IT 基础设施系统，显著提高行业 IT 系统的运营效率。当然，也可能会带来一些新的问题，比如数据安全等等。这些问题还要靠云计算应用的不断实践来检验，靠一些法律法规和政策的支撑来逐步解决。

(二) IT 投资较多行业的云计算应用前景

除了 IT 投资规模的因素之外，不同行业的特点也会成为影响云计算应用的重要因素。表 4.8 共列出了 8 个部门，这些部门的云计算应用形式会有很大的差别，技术升级的速度和前景也有所不同，下面分别予以简略分析。

1. 制造业信息化与"云制造"

对制造业而言，第一个层次的云计算应用应该是"SaaS"模式，即采取租用、按次付费的模式使用各种软件资源，包括企业管理软件、财务软件等等。这种方式可以为企业节省软件的购买成本。制造业企业也可以在云系统中租用存储空间，将大量的数据放到云系统中。当云计算产业比较成熟时，制造业企业可以把自身的信息中心全部转移到云计算系统中，享受云服务商提供的 IT 服务。

影响制造业企业云计算应用最关键的其实也是云安全问题：大量的

商业和技术核心数据如果被泄露，将可能大大影响企业的竞争力。一般而言，中小企业很可能会率先应用云计算，一方面小企业资金积累较少、对成本比较敏感，另一方面小企业对安全问题的忧虑更少一些。许多大企业在云计算发展初期更倾向于采用私有云的部署方式，把自己的信息中心进行云模式改造，但是改造之后的私有云仍然是一个相对封闭的系统，兼顾了效率提高和安全可靠性。

除了上述的常规应用模式，还有专家提出了一种更深层次的云计算应用模式，即所谓的"云制造"①。云制造是以云计算技术和模式作为基础，利用网络平台，将各类制造企业的制造资源和能力以虚拟化方式组织起来，并进行集中式的智能化管理，形成一个"云制造"系统，为用户提供可随时获取的、按需使用的、质优价廉的制造服务。用户只需向这个云制造系统提交自己的需求，系统自动接收并进行智能化的匹配，寻找最方便、最经济的制造资源来完成产品制造工作，并将实物以快递等方式提供给用户。云制造可以帮助制造业的所有资源实现更有效率的分配。它与网上购物的模式有根本的区别，后者只提供销售中介服务，前者则提供的是制造服务。我国已经有了一些关于云制造的实践，典型的如航天二院的云制造平台、天津卓朗科技的数字化工程仿真云平台和宁波市云制造服务平台等。

2. 金融领域的云计算应用

对我国金融业而言，关于如何进行云计算应用的讨论也非常之多，但是各界人士对云计算在金融业的应用前景一般是持肯定态度的。对金融企业而言，货币存贷系统本身就是一个超大规模的数据中心，也需要大量的软件来提供金融服务。网上银行等业务在我国大中城市已经相当

---

① 参见李伯虎等，云制造——面向服务的网络化制造新模式，《计算机集成制造系统》，第 16 卷第 1 期，2010 年 1 月。

普遍，这都为云计算的金融应用提供了很好的基础。

开放中小金融机构可能成为我国金融业改革和发展的一个重要趋势。对中小金融机构而言，不太可能花很多钱来建设大规模数据中心，采用云计算服务可能成为中小金融机构信息化建设的重要途径之一。对大型金融机构而言，利用云计算技术对内部信息化设施进行升级也是很好的方式。由于金融系统对数据安全的担心比其他行业可能更多，因此大型金融机构目前还倾向于与云技术服务机构合作，建立包含各种金融业务模式的大型私有云。

在云计算应用的较成熟阶段，区域性的金融服务资源将可能被整合到一个大型的"金融云"系统中，这个系统可以为用户提供存贷款、结算平台、网上支付、外汇交易等各类服务，显著提高金融业整体的服务水平和能力。

3. 政府部门的政务云

我国各级政府在电子政务建设方面均有较大的投入，截至到 2012 年 5 月底，政务外网地（市）、县（区）通达率分别达到 93.7% 和 71%[1]。政府部门的 IT 投资规模已经相当可观，据计世资讯提供的预测，2012 年政府 IT 投资规模将会大幅上涨，达到 502.9 亿元[2]。从理论上讲，政府部门由于存在公共监督制度，应该是对降低 IT 成本需求最迫切的部门之一。美国政府对云计算的浓厚兴趣，主要就是来自于降低 IT 支出的初衷。

对政府部门而言，私有云和公有云两种部署模式都是可以选择的。一方面，许多政府数据因为关乎国家安全而需要保密，因此不能放在公有云上。但是目前的情况是各个不同部门拥有自己的中小型数据中心，

---

[1] 数据由自国家电子政务外网管理中心提供。

[2] 参见计世资讯，《2012 年中国政府行业信息化建设与 IT 应用趋势研究报告》，2012 年 2 月发布。

各自存储着各类内部数据，成为多个信息孤岛。如果能把这些信息孤岛以私有云的方式整合到一起，既能达到数据在政府部门之间内部共享的效果，也会降低各个部门建设和维护数据中心的成本，是一个非常不错的选择。当然，这种部署方式能否顺利实行，关键要看各部门对减少 IT 支出的约束和动力是否足够。另一方面，对于可以公开的电子政务、公共服务信息，完全可以转移到公有云中，大大降低电子政务的总成本，提高公共服务的效率。不过，考虑到一些数据安全问题，可以仿照美国联邦政府的做法，不允许这些电子政务的数据存放到境外的云数据中心，只能部署在物理地址在国内的公共云中心，在一定程度上保障数据资源的可控程度。

我国地方政府已经开始了政务云的实践，率先行动的城市包括上海、北京、青岛和西安等，它们在电子政务云应用领域进行了积极探索，并已初显成效。

4. 智能交通系统与交通云①

云计算在交通业中主要应用于智能交通系统（Intelligent Transportation System，ITS）。智能交通系统本身就是信息技术向交通领域不断渗透、不断融合的结果，已经被许多城市用作缓解交通拥堵、提高交通安全性和提高交通运行效率的重要解决方案。

智能交通同样面临着处理海量数据的问题，每一辆交通工具都承载着诸如自身特征数据、位置数据、载量数据等一系列信息，公路、桥梁、铁路等交通基础设施更是包含着流量、承载重量等许多数据信息。一个高效的智能交通系统必然离不开这些海量数据的高效、快速、有序处理。云计算恰恰就是解决海量信息处理的一项最佳技术工具，因此，云计算

---

① 参见倪琴、许丽，云计算技术在智能交通系统中的应用研究，《交通与运输（学术版）》，2012 年第 1 期。

在交通领域的应用也具有非常广阔的前景。一个城市的交通管理部门在构建智能交通系统时，如果选择将数据计算和处理的任务交给云计算中心，不但可以节省系统投资，还能获得更高的效率。

交通云有很多典型的应用形式。例如对交通流量的预测，云计算数据中心对某一时刻的交通流量信息收集到一起，进行快速的数据分析，并基于一个交通流量预测模型对下一时段交通情况进行预测，并将这些信息传递给管理部门和广大驾驶员；同时，还可以基于流量预测为车辆选择最优路径，包括时间最优、耗油量最优等，使驾驶员可以以最小的成本到达目的地。

我国部分城市已经开始了关于交通云的实践，例如中国电信与南京市交通管理局共同构建的"南京城市智能云交通诱导服务系统"已经开始启动。按照设计要求，该系统可以提供的服务包括：路况信息的快速更新和查询（以 30 秒为间隔，目前许多大城市还是 2 ~ 3 分钟更新一次）、停车场空车位实时查询、拥堵和管制路段避让引导服务等，便于各类车辆将行车路线最优化，降低城市拥堵程度，提高城市交通效率。

5. 远程教育与教育云

我国政府一直比较重视教育部门的信息化，教育部于 2011 年 6 月发布的《教育信息化十年发展规划（2011—2020 年)》（征求意见稿）明确提出，要建立教育信息化经费投入保障体系，各级政府在教育经费中按不低于 8% 的比例列支教育信息化经费，以保障教育信息化得到持续、稳定的财政经费支持。

云计算的应用可以为较为紧张的教育信息化经费提供资金节约的可能，尤其是通过构建远程教育云资源系统，可以将大量的教育数字化资源集中处理和使用，并进行智能化的整合与优化，在全国范围内进行效率更高的共享。一方面可以通过更低收费的教育服务使高等院校集中的大城市优质教育资源向更多地区扩散；另一方面也可以使政府能以较低的财政支出向广大贫困地区提供义务教育支持，使基础教育资源的非均等问题得到一定程度的改善。

除了公共服务的云应用之外，基于商业化的培训服务也可以通过云计算的解决方案大大降低成本。正如本章第二节提供的典型案例所显示的，用户利用云计算系统为自身的员工或管理者提供远程培训，其成本可能比传统模式降低70%。这无疑会使我国劳动力的培训成本显著降低，从而使劳动力素质得到较为普遍的提升，为解决我国面临的劳动力数量多、质量不高的问题提供了一个重要途径。

6. 能源系统与云计算

云计算的最突出能力就是能够智能化处理海量数据，数据量越大，提高效率的空间就越大。在能源行业，云计算也有很大的应用空间。例如，大型煤炭企业需要将大量的生产企业产量、输煤港口存量、煤炭运输系统流量等信息集中起来，进行优化、高效管理，这就可以借助云计算系统进行处理。从目前国内应用来看，输电网络对云计算应用的需求比较突出，云计算在智能电网中具有非常广阔的应用空间，可以应用于发电、输配电、调度和用户终端等各个环节，全面提升电网智能化条件下的海量电力数据处理效率。

一个典型的例子是，太阳能、风能等新能源虽然具有较好的环境保护、可重复利用等效果，但是这些新能源发电很不稳定，波峰和波谷电力差别较大，而且与电力用户的用电波峰与波谷不同步。在传统模式下，一般会以蓄能储电的方式加以解决，但是成本很高。如果能将云计算技术同时引入电网管理和家庭能的管理两端，可以通过海量数据的处理和计算，为用户提供最优的用电方式选择，引导企业进行绿色电力认购，从用户端的管理来解决发电端的绿色电力波动大的问题，从而实现所谓的"云能源"系统。

国家电网公司对云计算的应用非常重视，已经组织电力科学研究院、国网信息通信有限公司和中国电力技术装备有限公司等机构的相关领域专家，成立了云计算项目组，致力于能源领域云计算应用的核心技术攻关，并着手启动应用示范项目，也取得了一些初步的成果。

7. 云计算助力医疗资源共享和均等化

与教育领域类似，医疗卫生领域同样面临着资源分布不平衡、人民享受医疗的机会不平等等一系列问题。而且，限于各种体制原因，无论是在全国还是在省市层面，统一的医疗信息库建设都遇到了许多障碍。云计算大大降低了信息库建设和维护的成本，提高了海量医疗信息的处理效率，或许可以加速医疗行业信息化的进程。

许多中西部地区的医疗部门由于缺乏足够的资金支持，信息化建设的步伐始终比较缓慢，与相对发达地区的医疗水平差距甚至呈不断扩大的趋势。这些地方的优势在于，由于没有过去的大量投入，没有太多的既有设备，因此在引入云计算时也就更加没有历史包袱和沉淀成本。如果能够以较少的成本建立信息化终端设施，然后接入医疗云计算系统，对这些相对不发达地区医疗条件的改善将会有较大的促进作用。

对于优质医疗资源相对集中的大型城市而言，许多大型医院往往要接待来自全国各地的患者，人满为患，医疗效率大大降低。如果能够建一个医疗云系统，发展在线的远程医疗，那么对缓解这样的局面应该有所帮助。同时，如果患者的信息都存储在云计算系统中，实现数字化病历的共享，那么患者就不用做一些不必要的重复性检查，既减少患者的就医成本，也能提高现有资料资源的利用效率。

我国各地已经开始了区域性医疗云系统的探索性实践，例如浙江省绍兴市启动的区域卫生信息化项目，构建了全市范围内统一的医疗卫生平台。这个医疗云包括一个核心网络，即绍兴市卫生资源网，和市、县二级资源交换平台，接纳社保卡、新农合卡、外来人员就诊卡等各类患者统一就诊，提供包括医疗服务、社区卫生服务、公共卫生服务以及卫生管理服务在内的业务应用系统，初步实现了各大医院及保健机构之间的健康档案信息、疾病检验结果和电子病历等大量数据的共享，提高了全市医疗资源的利用效率，降低了患者就医的总成本。

8. 流通业中的云计算与物联网

2012 年 8 月 3 日发布的《国务院关于深化流通体制改革加快流通产业发展的意见》提出，"要全面提升流通信息化水平，将信息化建设作为发展现代流通产业的战略任务；鼓励流通领域信息技术的研发和集成创新，加快推广物联网、互联网、云计算、全球定位系统、移动通信、地理信息系统、电子标签等技术在流通领域的应用；推进流通领域公共信息服务平台建设，提升各类信息资源的共享和利用效率"。这充分说明，云计算在流通领域也有很大的应用前景。

物联网是信息技术在流通行业的主要应用形式，而物联网的发展需要处理来自不同的成千上万种"物"的海量信息，必然就离不开云计算技术的支持与配合。正如朱近之等（2010）[1] 指出的，"智慧的地球与物联网的实现 = 传感设备 + 传输网 + 基于云计算的数据计算和处理平台"，只有将云计算技术和物联网有机地融合在一起，才能实现一个连接所有"物"的高效、节能与智慧的网络系统。

以流通产业中的物流业为例，为了降低物流成本和实现产品流通过程的全程控制，首先需要采集产品从制造、运输、装卸，到包装、仓储、加工、配送等各个环节中携带的大量信息，然后交给云计算中心来进行

---

[1]　朱近之主编，《智慧的云计算——物联网发展的基石》，电子工业出版社 2010 年版。

海量数据的大规模储存和处理，然后将这些数据及处理结果实时提供给政府管理部门、相关企业，直至广大消费者，以提高物流产业的综合效率，并实现必要的监督管理目标。这就是所谓"云物流"概念。

通过上面对诸多行业的分析，可以看出云计算对非 IT 产业的广泛影响，这些影响都属于本文无法进行预测的间接经济效应，显示出云计算技术的应用广度和旺盛的生命力，以及作为一种新兴的通用目的技术的潜力。

第五章

我国云计算产业发展的
现状、问题与对策

通过对云计算技术应用的潜在经济效应的定性和定量分析，基本上已经可以证明，云计算确实是一种潜在的通用目的的技术，不仅对信息技术产业延续 20 多年来的高速增长势头具有重要支撑作用，而且对我国经济和社会的全面信息化将发挥非常显著的推动作用。基于这一结论，政府部门有必要重视并推动云计算应用模式和云计算产业的有序、健康、快速发展，使之成为国民经济的一个重要增长点和加速信息化的重要引擎。

一、我国云计算发展现状：产业、区域与政策

（一）云计算在我国的发展历程回顾

我国云计算的商业化实践起步晚于美国，最初的云计算应用探索还是来自于美资机构和企业的推动。尽管许多报告将 2007 年列为我国引入

云计算的起始年份①，但事实上 2008 年才是外资公司在中国推动云计算发展的起始之年。典型的例子包括美国 EMC 公司中国研发中心于 2008 年 2 月成立的云架构和服务部，以及同月另一家美国公司 IBM 宣布在中国无锡太湖新城科教产业园建立第一个云计算中心。此时尽管我国的企业和科技人员还对云计算的概念知之较少，但是像 IBM 这样的 IT 龙头企业已经开始了在我国的云计算应用模式推广，后来的发展事实也证明了它们的远见和初步成功。

2009 年，我国的企业界和科技界，以及个别视野较为超前的地方政府已经开始探索云计算技术的研究和产业化。5 月 22 日，由中国电子学会主办的第一届中国云计算大会在北京召开，中国电子学会云计算专家委员会正式成立。中国移动通信集团公司研究院也于当年开始了"大云"研发计划，依靠自身的科研基础搭建了由 1000 个 CPU 组成的 256 节点云计算实验平台，开始研发 HyperDFS、MapReduce、HugeTable 和 CloudMaster 等一系列关键技术，试验海量数据信息的存储和处理。同年 12 月，在政府管理部门的推动下，深圳市在南山区数字文化产业基地成立了全国第一个云计算产业协会——"深圳市云计算产业协会"。这一年里，相关各界开始关注并探索云计算在我国的应用，并对相关的关键技术进行预先研究。

2010 年被一些咨询机构认为是我国的"云计算元年"。在企业层面，中国云计算技术与产业联盟于当年 1 月 22 日（China Cloud Computing Technology and Industry Alliance，CCCTIA）在北京正式成立，其成员包括来自行业协会、科研院所、外资机构、国有企业和民营企业的 40 多家单位。云计算的实践已经不仅仅来自于国有的电信运营商企业，许多民营

---

① 参见计世资讯，《2009 年中国云计算白皮书》；赛迪咨询，《中国云计算产业发展白皮书（2011）》。

企业也开始正式进军云计算产业。例如我国通信设备制造业的龙头企业华为技术有限公司，就于当年 11 月发布了其全球云计算战略，致力于构建资源共享、高效率、绿色环保的云计算平台，促进相关行业应用向云计算迁移，并推出了商业化的解决方案。在政策层面，10 月 10 日颁布的《国务院关于加快培育和发展战略性新兴产业的决定》明确提出云计算是"新一代信息技术"领域的发展方向之一；工业和信息化部和发展改革委紧接着于 10 月 18 日联合发布了《关于做好云计算服务创新发展试点示范工作的通知》，将北京、上海、深圳、杭州、无锡等五个城市作为先行开展云计算服务创新发展试点的示范城市。在区域实践层面，7 月份北京率先启动了规模可观的"祥云工程"，上海也于 8 月推出了发展云计算的"云海计划"。在这一年，云计算不但被政府部门正式认可，而且引发了许多企业的商业化探索，地方政府也开始投入巨资来推动云计算的项目示范，云计算的概念和发展前景得到了各界的一致认可。

2011 年，云计算产业的发展更加迅猛，典型应用越来越丰富，开始出现了一批成功案例[①]。在这一年，政府的政策补贴得到了落实，国内从事云计算服务的领先企业已经获得了数量可观的财政补贴；地方政府推动的云计算实践已经远远超出了上述 5 个试点城市的范围，从沿海发达地区开始向中西部区域蔓延，能源富集的内蒙古等省份开始了云计算基地的建设，重庆等地也不甘落后，以土地和投资补贴的方式建设云计算产业园区；谷歌、微软、IBM 等外资企业和曙光、浪潮、华为、联想等国内著名 IT 企业都把云计算列为企业转型发展的重点开拓方向，斥巨资进行技术和产品研发，不断推出新的云计算应用，典型的例子如曙光的城市云、浪潮的行业云，以及联想的个人云等等；中国计算机行业协

---

① 参见赛迪顾问，2011 中国云计算回顾与展望，http：//www.techweb.com.cn/。

会也效仿中国电子协会，于当年 6 月 9 日推动成立了云计算专业委员会，该委员会的成员来自云计算产业中的产、学、研、用等各个机构。云计算产业开始进入快速发展阶段，地方政府投资不断增加，各地示范项目不断开建，国内外企业商业化服务开始逐步推进，发展云计算已经成为各地政府、各大 IT 企业的共识和具体行动，云计算开始在我国正式"落地"。

2012 年以来，我国云计算产业的发展开始遍及各省市，产业投资规模不断扩大、屡创新高，几乎所有的著名 IT 企业都主动或被动地涉足云计算业务领域。在私有云实践的基础上，越来越多的公共云计算平台开始向用户开放，百度、腾讯、360、阿里巴巴、中国联通等多家公司推出了开放云平台，提供云存储、云开发、云集成等一系列云计算服务①。总体而言，尽管存在着大量的问题、困难和隐患，但是我国的云计算产业确实已经进入了一个高速增长的发展阶段。

（二）我国云计算产业的市场规模及发展趋势

1. 市场规模：来自两家机构的数据比较

尽管社会各界对云计算概念、功能的认识正在逐步趋于一致，但是关于云计算产业的边界却还没有统一的清晰界定。企业界和研究者对一些 IT 服务是否属于云计算范畴仍然存在较大的分歧，因此对云计算产业的市场规模也就缺乏较为一致的认识。对于这种现状，作为政府管理部门的工业和信息化部目前尚没有开始对云计算产业进行统计，也没有关于该产业规模的信息发布。好在来自于工业和信息化部下属的研究咨询

---

① 参见中云网报道，2012 上半年中国云计算产业影响力 Top10 评选结果出炉，http://www.china - cloud.com/。

机构已经开始了统计云计算市场规模的尝试，已经公开提供市场规模数据的机构包括同样隶属于工业和信息化部研究机构的赛迪顾问和计世资讯。但是，两家机构对云计算产业的统计数据则是大相径庭。

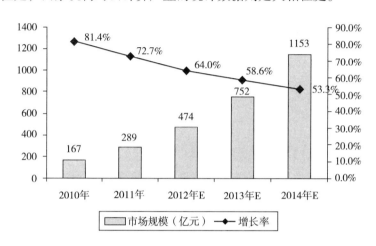

图 5.1　2010～2014 年我国云计算市场规模统计及预测（赛迪）

数据来源：赛迪咨询，《中国云计算服务创新白皮书》，2012 年 9 月发布。

图 5.1 显示了赛迪顾问股份有限公司发布的云计算产业市场规模的统计预测数据。按照赛迪咨询的统计，2010 年、2011 年我国云计算市场规模分别达到了 167 亿元和 289 亿元，预计 2012 年将会达到 474 亿元。而仅仅两年之后的 2014 年，云计算的市场规模就可能比 2012 年翻上一番还不止，达到 1153 亿元，此时云计算产业将成长为一个千亿级的产业。从发展速度来看，2010 年云计算市场规模同比名义增长率超过了 80%，2011 年增长率也超过了 70%。2010～2014 年期间，尽管云计算市场的增长速度呈现出稳步下降趋势，但是始终超过 50%。随着产业规模基数的不断扩大，保持 50% 以上的增长率仍然是非常惊人的。这意味着"十二五"期间，云计算产业的年均名义增长率可能会超过 60%，可能达到国内生产总值增长率的数倍之多，确实是一个非常值得关注的新增长点。

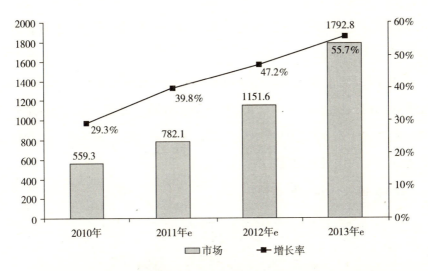

图 5.2　2010～2013 年我国云计算市场规模（单位：亿元，计世资讯）

数据来源：计世资讯，《2010～2011 年中国云计算市场研究报告》，2011 年 7 月发布。

图 5.2 显示的是另一家国内咨询机构计世资讯发布的关于云计算市场规模的统计及预测数据。按照计世资讯的统计，2010 年我国云计算产业市场规模就已经达到了 559.3 亿元，是同期赛迪咨询统计数据的 3 倍多。根据该机构的预测，2012 年我国云计算市场规模就将达到 1151.6 亿元，成为一个千亿元级产业，比赛迪咨询的预测结果早了整整两年。两家机构对云计算产业增长速度的预测也是大相径庭，计世资讯认为，云计算市场规模的增长速度会不断提高，2010 年增长率还不到 30%，到 2013 年增长率会超过 50%，而不是赛迪咨询预测的稳中有降趋势。从整体上看，计世资讯统计的云计算市场规模远大于赛迪咨询的统计数据，但是对增长速度的预测则低于后者。

同样隶属于工业和信息化部的研究院所，两家机构对云计算产业市场规模的统计却差距颇大，这也从另一个侧面反映出目前社会各界对云计算产业边界的认识还是存在许多差异。上述两家机构之所以会发布不同的数据，主要是统计口径不一样：计世资讯的统计将搜索引擎和部分网络游戏的市场也纳入了云计算中 SaaS 部分的统计范围，而赛迪咨询则没有计入这两部分。

尽管两家机构对云计算产业市场规模的统计存在差异，但是从趋势上看，他们一致认为，"十二五"时期，云计算产业将会呈现高速增长趋势，将在"十二五"中期或中后期成长为一个千亿元级产业，成为信息产业、乃至我国经济的重要增长点。

2. 我国云计算市场的结构

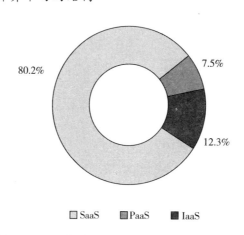

图 5.3 2010 年我国云计算市场结构（计世资讯）

数据来源：计世资讯，《2010～2011 年中国云计算市场研究报告》，2011 年 7 月发布。

计世资讯还同时提供了关于云计算市场结构的数据，如图 5.3 所示。按照该机构的统计，2010 年我国云计算市场总量中，占比最大的是 SaaS，占据云计算市场总规模的 80.2%，处于绝对优势地位，同比增长 26.7%，其中增长速度最快的就是搜索引擎和网络游戏。其次是 IaaS，占市场总规模的 12.3%，同比增长 35.5%，速度快于 SaaS。PaaS 服务的部分占比最小，只有 7.5%，但是其增长速度在 3 种服务方式中是最快的，达到了 36.4%。

另外，从云计算的部署模式来看，对于面向个人用户的部分，肯定是公有云服务占据主体；而对于大量的企业用户，超过一半的企业还是会先选择私有云的部署方式。如图 5.4 所示，根据计世资讯公司对云计算企业用户的调查数据，57% 的企业用户倾向于选择私有云的部署方式来进行云计算的实践，只有 1/5 的企业用户会在现阶段直接选择公有云的部署方式，另外还有 13% 的企业会选择混合云的部署方式。计世资讯预测，在近几年内，私有云市场规模将会出现非常快的增长速度。

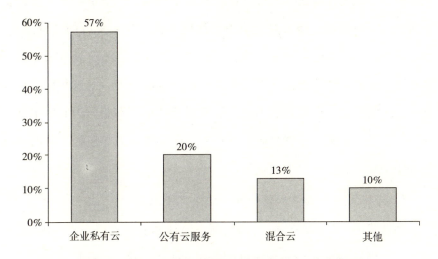

图 5.4　我国企业对云计算部署模式的选择（计世资讯）

数据来源：计世资讯，《2010～2011 年中国云计算市场研究报告》，2011 年 7 月发布。

究其原因，个人用户对数据安全的担心并不会太多，而且个人用户不会拥有自己的信息化系统，因此也不可能构建私有云。对企业用户而言，一方面数据的安全性非常重要，另一方面大中型企业本身就有较大规模的数据中心，搭建私有云也会在一定程度上改进计算和存储资源的利用效率，同时又能保障安全。因此，在云计算发展的初期阶段，私有云模式成为许多企业用户的首选。

(三) 我国云计算的产业组织特征

规模经济是云计算产业的一大重要特征，云计算之所以能降低成本、提高效率，关键是要有大规模的云数据中心作为提供服务的基础支撑。因此，总体而言，云计算服务业具有技术密集、资金密集的特点，产业的集中度应该会比较高。不过，在产业竞争初期，一般都会有大量的企业进入这一新领域，经过激烈竞争、优胜劣汰、并购重组的过程之后，才会出现集中度较高的情况。而且，云计算产业链上不仅仅有云计算服务企业，还有一些从事云计算软硬件系统开发的企业，对这些配套企业而言，不需要建立大型数据中心，规模经济特征不明显，因此集中度也不一定很高。我国云计算产业方兴未艾，产业组织态势还处于不断调整过程中。

1. 云计算企业数量不断增加，竞争日趋激烈

随着我国云计算产业的迅速发展，云计算的产业链正在不断延伸，投资这一领域的创业企业和转型的传统企业都在不断增加。近几年来，我国从事云计算相关领域的企业数量呈快速增长态势，到 2012 年中期，已经达到数百家之多。据高工物联网产业研究所（GIII）统计，目前我国国内提供云计算产品或服务的企业已经有 339 家[①]，企业之间的竞争日趋激烈。

从地域分布情况来看，我国的云计算企业分布比较集中，北京、广东、上海、江苏、浙江、四川等 6 大省市的云计算企业数量占了全国企业总数的 82%。云计算企业"扎堆"的现象也反映出上述区域内竞争的

---

① 参见 GIII，国内云计算企业地区分布现状，http://cio. chinabyte. com/337/12455837. shtml。

激烈程度，以北京为例，各类云计算企业共有 129 家，超过全国总数的 1/3，占我国华北地区企业总数的 96%。

在风险投资和产业机会的推动下，云计算创业企业的数量正在不断增加。上海在政府资金的带动下，成立了国内第一支云计算投资基金——"云海创业基金"，其第一期的 3 亿元资金中有来自政府的 1 亿元投资，其目标是继续吸收社会资本，使总资金量达到 10 亿元。2012 年 12 月，由宽带资本、红杉资本、北极光创投等联合发起创立的初期规模 1000 万美元的"云天使"投资基金、北京中云融汇投资中心创立的初期募资规模 1 亿元的"中云融汇"基金、首期投资 1000 万元的"大数据实验室"孵化基金等一系列针对云计算产业的创投基金纷纷成立，无疑将会催生大量的云计算创业企业。以北京的云产业基地为例，宽带资本产业基金在政府部门的推动下，已经投资了 20 多家从事云计算领域研究的创业企业。这些企业在云计算的产业链上各有分工和定位，比如从事服务器研发制造的天地超云公司、从事云计算操作系统研发的友友天宇公司、开发模块化数据中心产品的云立方公司、提供云计算组网集成服务的天维信通公司，以及构建云计算门户网站的中云网络公司等等。

从目前的发展趋势来看，中西部地区的企业数量也在不断增加，未来一段时期，我国云计算企业的数量估计仍会不断增加，这一产业的竞争在 3~5 年内将会更加激烈。

2. 企业并购与重组初步显现

与云计算并购案例不断增加的美国类似，随着越来越多的国内企业涉足云计算，我国一些大型企业已经开始了整合产业链、增加竞争优势的尝试。由于云计算服务涉及软件开发、操作系统研发、硬件制造等许多领域，即使是一些具有较强市场地位的大型企业在投资云计算之初也不具备这样的全面能力，但是这些大型企业可以利用自身雄厚的资金实力对一些中小技术型企业进行收购或兼并，达到在短期内提高竞争力的目的。

近一两年来，我国云计算产业内的并购已经时有发生。2011 年，国内云计算上市公司华胜天成先后进行了三次收购，并利用被收购方的技术优势推出新的云计算产品或服务。华胜天成先是整合了摩卡软件的 BSM 事业部，并在当年 7 月利用后者的优势研发出一种基于云计算的运维产品 Mocha BSM Visto；2011 年 4 月华胜天成又通过其成员企业香港 ASL 公司收购了新加坡的 i－Sprint 公司，开发云安全产品及解决方案；2011 年 7 月，华胜天成又收购了广州石竹计算机软件有限公司 30% 的股权，收购资金数额达到了 4090 万元人民币。2011 年 10 月，通信行业的龙头企业华为技术公司则以 5.3 亿美元的资金收购了华为赛门铁克公司 49% 的股权，以推出更安全的云计算解决方案。计算机整机制造商联想集团则于 2012 年 9 月 18 日收购了一家国外的云计算公司 Stoneware。

随着云计算产业的不断竞争，这种企业之间的收购和兼并行为将会继续发生，并购数量和涉及的资金额也会不断增加。由于云计算显著的规模经济特征，可以预料，当云计算产业发展到一个更加稳定、成熟的阶段时，产业集中度将比现阶段更高。

3. IT 相关企业纷纷转型进入云计算领域

从目前我国云计算企业的情况来看，比较大的企业基本上都是由传统的 IT 相关企业转型而来的。这些企业本来就有自己的优势领域和盈利能力，它们利用先发优势在我国云计算产业领域中获得了一席之地，成为现阶段的典型厂商。主要包括以下几类。

第一类是由互联网企业转型而来的云计算企业。典型的例子如互联网搜索引擎企业百度公司，已经先后在一些省份投资建设大型数据中心，利用云计算技术来处理海量搜索数据，并准备向外开放云存储等一系列服务。再如电子商务的巨头阿里巴巴，该公司是国内最早进入云计算领域的企业之一，建立了阿里云公司，其云服务的商业实践已经获得了初步成功，为许多中小企业提供了网络托管服务。另一家电子商务企业京东商城也已经开始投资建设云计算数据中心，从私有云开始，逐步向公有云过渡。

第二类企业是一直从事 IT 数据及运维服务的企业。典型的例子是前文中提到的华胜天成公司。这家企业是原来国内较大的一家 IT 服务企业，已经于 2004 年上市，与许多国内大企业建立了较好的合作关系。自从云计算兴起以来，华胜天成就一直关注并持续投资云计算，一方面不断进行技术开发，另一方面则与老客户合作共同进行云计算服务的实践，也取得了较好的效果，在我国云计算产业建立了较为稳固的市场地位。

第三类企业是由通讯设备制造商转型而来的云计算企业。典型的例子就是被称为我国通信设备制造业双雄的华为技术和中兴通讯。华为在 2010 年 11 月公布了自己的云计算发展战略，并提出在云计算业务领域追赶谷歌公司的宏伟目标。根据华为发布的 2011 年报数据，华为利用在通信行业的市场优势，已经与遍布全球的 33 个国家的 85 家企业客户开展了云计算业务合作。中兴通讯于 2011 年成立了云计算及 IT 运营部，开始全面进入云计算。中兴的优势在于技术实力，通过 7000 多研发人员的投入，到 2011 年底，云计算相关基础性专利已经超过 200 件，集中于虚拟化、分布式技术等云计算核心技术领域。

第四类企业是电信业务运营商。我国三大国有运营商企业，包括移动、电信和联通，都已经进入了云计算领域。相比上述三类企业，电信运营商们的确具备一些投资云计算的优势，比如，运营商历来就拥有大量的服务器和一些较大规模的数据中心，只要对这些计算资源利用云计算技术进行整合，就可以提供初步的云计算服务。这三大运营商已经在我国许多地区投资建设云计算基础设施项目，其雄厚的资金实力也是一般竞争领域的 IT 企业所无法比拟的。

（四）云计算产业的相关政策

自 2010 年 10 月 10 日颁布的《国务院关于加快培育和发展战略性新兴产业的决定》明确提出发展云计算以来，云计算已经成为各级政府特别重视的产业发展方向之一。不但中央政府相关部门出台了一些扶持云计算产业的具体政策，各地方政府也发布了许多更为"实在"的具体项目扶持政策。

1. 部委层面的主要政策

从目前已经出台的政策情况来看，中央政府相关部委的政策主要是两类。

一是以专项资金方式支持应用示范项目建设。按照工业和信息化部与发展改革委联合印发的《关于做好云计算服务创新发展试点示范工作的通知》要求，中央财政安排了总资金达 15 亿元人民币的云计算产业专项资金，在北京、上海、深圳、杭州、无锡等 5 个先行试点示范城市选择了 12 个重点应用示范项目给予支持。这些专项资金是面向云计算企业拨付的，国内比较大的云计算企业，如联想、百度、腾讯、阿里巴巴、华胜天成等，都获得了较大的资金支持，最多的两家各获得了超过 1 亿元的支持，其他入围企业也获得了 1500 万 ~ 2000 万元不等的扶持资金。

二是对云计算关键技术研发的投入。2012 年 9 月 19 日，科技部正式发布了《中国云科技发展"十二五"专项规划》，该规划在重点任务中提出，要突破云服务器节点技术、分布式数据共享与管理技术、云计算共性关键技术、资源调度及弹性计算技术、服务器虚拟化、安全防护及风险评估技术、数据中心绿色节能技术等一系列云计算关键共性技术。为了实现这些技术的突破，该规划还提出了包括构建产业技术联盟、支持技术攻关、培养技术人才等一系列保证措施。

2. 地方政府层面的主要政策

相对于中央各部委的专项政策，各级地方政府的政策显得更加全面、更加实际，涵盖了土地、资金、人才等各个方面，包括以下几类。

一是效仿部委设立专项资金，对云计算企业进行财政补贴。例如，上海市提出设立云计算专项资金，对经认定的优质云计算企业进行专项财政扶持、财政奖励和财政补贴；广东省也要求各级政府加强资金扶持力度，鼓励有条件的地区设立云计算发展专项资金，扶持云计算企业快速发展。

二是给予土地、用房、网络建设、供电等基础设施优惠。例如，内蒙古自治区鄂尔多斯市提出，要实行比国内其他城市更优惠的土地政策，支持云计算企业进驻该市，在园区附近建设供电厂和大容量变电站，直接满足大规模数据中心的耗电需求，同时还要带宽达200G的光纤宽带网络[①]。上海市闸北区提出，对经认定的云计算企业，购买办公用房将按房价给予不超过10%的补贴（最高为150万元），租赁办公用房则按年租金在三年内给予不超过20%的补贴[②]。

三是对人才的优惠政策。例如，广东提出，把云计算高端人才纳入该省的高端IT产业人才路线图计划，给予相应的奖励。上海为云计算人才提供最高达50万元的一次性安家补贴。

除此之外，一些省市还有政府部门出资，参股成立创业投资基金，带动社会资金为云计算创业企业提供天使投资和风险资本，支持海外归

---

① 鄂尔多斯：未来决胜在"云端"，《中国经营报》，2011年5月6日。

② 《闸北区促进"上海云计算产业基地"发展财政扶持政策的若干意见》，2012年1月1日施行。

来人才在云计算领域创业，发挥技术优势，成功实现商业化。

可以预见的是，随着云计算产业的持续发展和繁荣，产业扶持政策还会陆续出台、日益丰富。总体而言，这些针对云计算的产业政策仍与过去扶持其他产业的政策方式类似，还不是在深入研究云计算技术经济特征的基础上制定的，其针对性和有效性值得怀疑。

（五）我国云计算产业的区域发展与竞争

地方政府在发展经济方面的竞争一度被许多经济学家视为我国多年来经济快速增长的核心动力之一，许多产业的发展都源自地方政府的大力推动，云计算在我国现有体制下也是如此。在国务院文件将云计算列入战略新兴产业发展方向之后，急于响应经济发展方式转变号召的许多省份，都把云计算产业作为转变发展方式的主要抓手之一，积极推动云计算项目来本区域"落地"。从目前的发展态势来看，云计算的区域发展表现出几大特点。

1. 覆盖面广，云计算数据中心大量分布在多个省、市、自治区

尽管工业和信息化部与发展改革委联合印发的《关于做好云计算服务创新发展试点示范工作的通知》只划定了北京、上海、深圳、杭州、无锡等 5 个先行试点示范城市，事实上云计算的发展热情早就超过了这 5 个城市的范围，表 5.1 列出了部分项目的具体情况。这 5 大城市均位于东部沿海相对较发达的省份，说明中央部委在划定示范城市时还是主要考虑东部地区。但是，中西部省份尽管得不到中央财政的专项支持，还是对发展云计算产业非常重视，甚至是热衷。据笔者不完全统计，目前已经有超过 20 个省、市、自治区上马了云计算项目，建设了大量的散布在全国各个方位的云计算数据中心。

表 5.1　　　　　　我国部分区域云计算规划项目（不完全统计）

区域	项目	占地面积	投资额	预计产值
北京	祥云工程	亦庄云计算基地占地 7000 平方米；云产业园初期规划占地 3 平方公里（3000000 平方米），预留 2 平方公里（2000000 平方米）；怀柔超级云计算平台，占地约 1.44 公顷（14400 平方米）	云产业园首期 5 个项目投资规模达 261 亿元	2015 年，云计算典型服务形成 500 亿元产值，产业链产值 2000 亿元
上海	云海计划	闸北区云计算产业基地占地 3.13 平方公里（3130000）；上海云海数据中心一期规划占地 320 亩（213333 平方米）	初期项目总投资 31.2 亿元	2012 年形成 10 家超亿元级云计算企业，带动信息服务业新增经营收入 1000 亿元
杭州	云计算产业园	一期占地 18 亩（12000 平方米），三期总规模面积 30 万平方米；湾新区数据中心机房面积 7000 平方米	湾新区数据中心总投资 40 亿元	2013 年云计算产业年收入超过 500 亿元，带动产业链产值超过 2000 亿元
深圳	鲲云计划	一期建设用地面积 1.2 万平方米，总建筑面积 4.3 万平方米	深圳云计算中心总投资 12.3 亿元	2015 年产生 10 家云计算年收入超 10 亿元的企业，带动云计算相关产业产值超过千亿元
广州	天云计划	不详	2012 ~ 2015 年，市科技经费每年安排 1000 万元以上投入	2015 年，实现 150 亿元以上云计算产业规模，带动 600 亿元产业链产值
无锡	云计算中心和云存储基地	云海创想云存储产业基地，总占地面积为 73 亩（约 48667 平方米）；云计算中心项目面积则为 1.6915 公顷（16915 平方米），二期预计 4 万平方米	云海创想云存储产业基地和云计算中心投资分别为 5 亿元和 2.5 亿元	到 2013 年达到 50 亿产业规模，带动形成 200 亿左右的产业链；到 2015 年能够达到 200 亿元产业规模和千亿级的产业链

续表

区域	项目	占地面积	投资额	预计产值
重庆	云端计划	两江国际云计算中心总建筑面积 207 万平方米。江津云计算产业基地规划 15 平方公里	两江国际云计算中心总投资 400 亿元。江津云计算产业基地总投资 500 亿元	到 2015 年，云计算各基地产业链将累计实现产值超过 1 万亿元
内蒙古	呼、包、鄂、赤云计算产业基地	呼市云计算产业基地 25 平方公里；包头云计算产业园区规划用地约 2500 亩；鄂尔多斯"草原硅谷"云计算产业园区，规划面积 10 平方公里	呼市三大云计算数据中心总投资 360 亿元；鄂尔多斯两大云计算数据中心总投资超过 300 亿	2015 年形成数据中心收入 270 亿元，云计算产业收入 500 亿
哈尔滨	云涌规划	江南基地到 2015 年，完成 6 平方公里园区建设；江北基地到 2015 年，完成 2.5 平方公里园区建设	已启动云计算项目总投资超过 300 亿元	2015 年云计算及相关产业收入突破 500 亿元，力争达到 1000 亿元
山西	云计算中心	太原"绿云"产业园区规划总占地 500 亩；阳泉百度云计算中心占地 23.737 公顷（237370 平方米）	太原产业园区 3 年内投资达到 60 亿元；阳泉百度云计算中心总投资 47 亿元	太原产业园区建成后预计年产值 100 亿元，阳泉百度云计算中心不详
廊坊	润泽国际信息港	该项目占地 2012 亩，园区规划总建筑面积 262 万平方米，号称"亚洲最大的云计算数据中心"	整个项目投资约 98 亿元	建成后可实现年产值 200 亿元，并拉动地方信息产业新增产值 600 亿元

数据来源：根据互联网公开资料整理。

2. 云计算中心数量增速非常之快，远远超过产业规模增速

近两年来，各地云计算数据中心的数量急速增加。据高工物联网产业研究所（GII）的统计，截至 2011 年底，各省市已经建成、或已纳

入规划的具有相当规模的云计算中心已经有 98 个[1]，比 2010 年底的统计数量（20 个）增长了 390%，翻了两番还多。而根据赛迪咨询的统计数据，同期云计算产业的市场规模只增长了 72.7%。两者的增速相差 5 倍左右。

3. 各地云计算产业园占地面积均较大

无论是在土地价格较高的东部大城市，还是在中西部的中等城市，云计算产业基地或园区的占地面积都非常大。在北京这样土地价格整体上已经非常高的城市，云计算产业园的规划面积都已经达到了 3 平方公里，合 4500 亩。土地面积较广的中西部省份，云计算园区的面积就更大，如内蒙古自治区呼和浩特市规划的产业园区，总面积竟达 25 平方公里！

4. 云计算项目总投资较大，中西部省份尤其积极

从表 5.1 可以看出，各地云计算项目的规划投资额度都是比较高的，至少也是上亿量级的，部分地区高达数百亿之多。根据高工物联网产业研究所（GSII）提供的市场调研数据，2011 年我国各地区云计算项目规划投资总额已达 3619.71 亿元。四个季度的规划投资总额分别为 842.63 亿元、1101.6 亿元、721.7 亿元和 953.78 亿元[2]。其中，重庆市、内蒙古自治区、黑龙江省的规划投资额分别占全国总投资的 26%、18% 和 12%，大大超过了沿海地区的经济较发达省市。当然，规划总投资并不等于实际投资，实际执行投资的情况还要看未来几年云计算产业的发展态势。

---

[1][2]　高工物联网产业研究所（GIII），2011 年中国云计算行业投资情况分析，《高工物联网》，2012 年 3 月刊。

5. 对云计算产业的产值期待较高

各地对规划投资的收益及其对经济的带动作用都比较有信心，提出了较高的远期发展目标。仅不完全地计算表 5.1 列出的项目，到 2015 年，云计算产业本身（不含产业链上下游产业）的产值总和就将超过 1 万亿元。而无论是赛迪咨询还是计世资讯，尽管统计口径有差异，但是根据其对云计算产业市场规模的预测，2013～2014 年我国云计算市场总规模也就是 1000 亿～2000 亿元左右，这与各地提出的云计算发展目标差之甚远。

6. 投资主体以云计算企业为主，政府投资为辅

总体而言，尽管地方政府对云计算企业来本地投资给予了较多优惠政策，以及各种审批程序上的方便，但是从投资主体来看，云计算企业的投资还是占了绝大多数。据高工物联网产业研究所（GSII）的统计，2011 年各地云计算规划投资中，云计算企业的规划投资约占 77% 左右，如果再加上电信运营商的投资，企业总规划投资量占比将达到 95%。一些民营企业在云计算投资方面非常积极，比如在山西、北京分别计划投资 47 亿元、59 亿元的互联网企业百度公司，以及在天津、深圳分别计划投资 35 亿元、20 亿元的腾讯公司等。政府部门的投资占比较少，约 5%，但是绝对数额也达到了 200 亿元。

总体而言，我国各地对云计算项目的投资积极性都比较高，地方政府在云计算产业发展过程中所起的推动作用要大于中央政府部门，已经有些超出了产业界和咨询机构的预期，表现出一片繁荣的景象，但是也带来了一些隐忧。

二、我国云计算产业发展中面临的关键问题与障碍

从表面来看，云计算产业在我国各地发展得红红火火，其实背后还隐含着一系列值得认真思考的问题，以及阻碍云计算发展的各类障碍。在这些问题当中，有些是战略性新兴产业乃至其他许多产业所面临的共同的体制问题，有些是由于云计算本身的技术经济特点和发展规律与政府部门政策思路之间的矛盾导致的问题，有些则是发展云计算带来的产业环境需求问题。考虑到云计算产业的巨大发展潜力，以及对未来我国经济发展的潜在影响，有必要对这些问题一一进行梳理和深入分析，以期逐步解决，推动云计算产业健康、快速、有序地发展。

（一）现有体制、政策与云计算产业发展规律不一致

1. 区域竞争与重复、超前建设：共性的体制问题

尽管我国云计算产业真正开始发展不过两三年的时间，即使从云计算概念引入期就开始计算，也不过 5 年的时间，但是从目前全国各地的发展情况来看，产能过剩的苗头已经出现。各类云计算数据中心和产业园区遍布全国，建设目标越来越"宏伟"，许多地方提出了建设"华南最大"、"中国最大"、"亚洲最大"甚至"全球最大"云计算基地的口号。据一些媒体披露的消息，个别的县级区域已经提出了建设总投资额高达近 2000 亿元、总量超过 500 万台服务器的云计算数据中心的宏大计划，并提出了形成 800 多亿元产值、60 多亿元税收的远大目标①。这种违背云

---

① 参见雍忠玮、徐英，云计算泡沫，《财经国家周刊》，2012 年第 9 期。

计算产业发展规律、盲目求大的现象值得引起警惕和重视。

在区域云计算产业竞争的推动下，云计算项目产能过剩、建设超前的问题已经显现。赛迪咨询预测 2014 年我国整体云计算市场规模约为 1153 亿元，即使按照年增长率 60% 的发展速度来预测，2015 年也不过 1800 多亿元的市场规模。如果参考各省市的规划目标，仅重庆市一地的云计算产业产值就可以满足全国的云计算市场需求了。如果各省市的规划投资都能落实到位，到 2015 年一定会出现云计算产业的产能过剩，大量的云计算中心和产业园区恐怕只能依靠政府补贴来维持运营了。

这种现象的存在有其必然的体制性因素。从历史的角度来观察，正如许多经济学家指出的，区域之间的竞争是我国改革开放以来经济高速增长的重要动力之一，甚至是"中国经济奇迹的最大秘密"（张五常，2012)[①]。这种观点有一定的道理，在我国改革开放初期，几乎所有的工业产品都处于物资短缺状态，区域之间的"大干快上"式的招商引资竞争使许多产业得以快速发展起来，加速了我国工业化的进程，而且在供不应求的经济大背景下是一种比较合理的发展方式。直到 20 世纪 90 年代后期，才开始有许多制造业出现供大于求、产能过剩的情况。不过随着我国加入世界贸易组织带来的外部需求的迅速增长，区域经济造成的产能迅速扩张与过剩的问题又一次得到了缓解。然而，发生在 2008 年的金融危机使外部需求的总量出现了下滑的态势，我国的产品出口增长速度趋于下降，再加上积极财政政策带来的投资与产能的继续扩张，以及内需的增加未能完全补偿外需的减少，近一两年来，许多产业的产能过剩问题变得比较突出。云计算产业在这样的大背景下，也未能避免我国区域竞争下的产业发展体制带来的重复、超前建设问题，最终将可能体现

[①]   参见张五常，地区间经济竞争造就奇迹，《经济参考报》，2012 年 12 月 17 日。

为新兴产业的产能过剩。

　　至少有两个深层次的体制性原因导致了云计算产业的泡沫化苗头：一是现有的地方政府考核机制导致了对短期大量投资和提升 GDP 的追逐；二是我国的地方政府尽管经历了分税制带来的财力限制之痛，但还是拥有包括土地、融资等方面的巨大动员能力，能在很大程度上左右企业的投资决策。不仅是国有企业，民营企业的成本收益函数也会因为地方政府的参与而发生很大的变化，使本来市场前景并不太好的项目变成可以有投资收益的项目。

　　可以利用简单的博弈矩阵来说明这个问题。先看图 5.5 的左图，这是一个考虑了云计算投资产出周期的远期博弈矩阵，前提假定条件是：一个经济体内只有两个省，即 A 省和 B 省；此经济体的云计算市场总规模为 3，为满足这样的市场规模（即预期产值为 3）需要投入总价值 2；考虑到规模经济，A、B 两省如果上马云计算项目，其项目规模就需要达到投入为 2、产值预期为 3，否则不经济。那么，如果两省都不上马云计算项目，当然收益都为 0；如果 A 省上马而 B 省不上，那么 A 省项目将最终占领整个经济体的市场，获得收益 1，B 省收益为 0，反之亦然；如果两省都上马云计算项目，在远期云计算项目都达产之后，各获得一半的市场，两省的投资都不能收回，远期收益各为 0.5。此博弈矩阵的纳什均衡点是，要么 A 省上马项目、B 省不上；要么 B 省上马项目、A 省不上。也就是说，如果考虑了云计算项目未来的远期产出，那么两省同时上项目是比较差的选择，应该由其中一个省来上马项目。

　　图 5.5 的右图则是一个考虑了地方官员考核机制的当期博弈矩阵，其前提假定条件是：一个经济体内只有两个省，即 A 省和 B 省；云计算项目上马的当期拉动了本省的 GDP，由于 GDP 是两省官员考核、升迁的重要指标，从而使 A、B 省官员分别获得了收益值为 X（>0）、Y

（＞0）的晋升、奖励等机会。那么，如果两省都不上马云计算项目，当然地方官员收益都为0；如果A省上马而B省不上，那么A省官员将获得收益X，而B省官员收益为0，反之A省官员收益为0，而B省官员将获得收益Y；如果两省都上马云计算项目，由于拉动了当年的本地GDP，因此两省官员就分别获得了收益X、Y。此当期博弈矩阵的纳什均衡点是，A省和B省竞相上马云计算项目，对两地官员都有好处。

	B省		
		上马 云计算	不上 云计算
A省	上马 云计算	(−0.5, −0.5)	(1, 0)
	不上 云计算	(0, 1)	(0, 0)

	B省官员		
		上马 云计算	不上 云计算
A省 官员	上马 云计算	(X, Y)	(X, 0)
	不上 云计算	(0, Y)	(0, 0)

图5.5　区域云计算项目竞争的远期（左）与当期（右）博弈矩阵

这两个简单博弈模型的基本结论是：如果将短期GDP增长率作为考核地方政府及官员的重要指标，那么各地区都会积极上马一些云计算项目；而且，由于云计算项目属于中央政府提倡发展的战略性新兴产业领域，还可以带上以技术进步推动发展方式转变的华丽帽子。但是，如果考虑远期的项目收益，许多省份上马的云计算项目很可能由于产能过剩而出现需求不足、项目"烂尾"的现象。而且，显而易见的是，在图5.5的右图中，如果X＞Y，那么A省官员的晋升机会就可能大于B省官员，反之亦然。因此，各省在上马云计算项目时都愿意项目规模越大越好，因此才会提出各类"最大"云计算基地的规划目标。

地方政府官员

	上马云计算	不上云计算
投资 云计算	（R1+R2，X）	（0，0）
不投 云计算	（0，0）	（0，0）

投资企业

图5.6 投资企业与地方政府的博弈矩阵

另外一个需要解释的问题是：正如前文中提到的，2011年云计算项目的规划投资中，企业投资额占了95%左右。尽管地方政府官员可能会忽视本地的长期利益，只关注自己的短期利益，从而做出不适当的决策，那么企业为什么也会冒着项目亏损的风险甘愿投资区域云计算项目呢？图5.6显示了投资企业与地方政府官员的一个简单博弈矩阵。假定地方官员会因为上马了一个云计算项目而获得了收益X，而投资方企业投资这个云计算项目的总预期收益R为R1与R2之和。其中，R1是云计算项目本身的总预期收益，也就是项目未来预期产出与项目投资之差；而R2是其他收益，最大可能的收益来自于项目所占用土地（例如，云计算产业园可能包含了一些用于职工居住或能够公开销售的房地产项目）、或者以新兴产业投资换取能源开发权等方面带来的收益。此博弈的纳什均衡点要取决于R1和R2之和是正值还是负值。如果R1 + R2 <0，那么博弈的结果就是地方政府不上马项目、企业不投资；反之，如果R1 + R2 >0，那么博弈的结果就是地方政府上马项目、企业投资。需要特别注意的是，即使由于重复建设、产能过剩导致云计算项目亏损，即R1 <0，但是只要亏损总额小于R2，那就还能满足R1 + R2 >0的条件，因此，企业还是会选择投资云计算项目，地方政府也还会上马项目。这就可以解释，为什么许多地方的云计算项目都占地面积颇大，甚至达到数千亩之多。因为只有这样，企业才会在明知云计算项目可能亏损的情况下，也会被土地收益所吸引到地方去投资。

从上述分析可以看出，在各地纷纷投资云计算项目的过程中，不但地方政府决策者可能会因为拉动了短期 GDP、发展了战略性新兴产业而获得晋升机会，投资方企业也有可能获得大量的占地收益。参与各方皆大欢喜，但是从全国整体上来考虑，很可能使云计算产业在两三年内就出现大量重复建设、供大于求的现象，很多区域性的云计算项目可能难以收回投资，造成资源投入的浪费，使云计算产业发展遭遇较大的困境。

2. 补贴为主的政策未必适用于云计算产业

从我国各级政府扶持云计算产业的政策工具来看，主要的扶持方式与对新能源、物联网等其他许多战略性新兴产业一样，还是选择行业内重点企业发放资金补贴。发展改革委与工业和信息化部为此设立了云计算示范项目专项资金，并已经对一些重点示范项目的承担企业或科研机构发放了一批补贴资金。这些云计算企业获得的补贴额度还是比较可观的，如表 5.2 所示，几家大型企业分别获得了超过 1 亿元的补贴，十多家企业则获得了 1500 万 ~ 2000 万元不等的补贴。而且，这可能只是第一批补贴资金，根据云计算项目的发展情况，后续可能还会有其他的补贴形式（如云计算数据中心的电价补贴等）和数额更多的补贴资金。

表 5.2　　　　　我国部分云计算企业所获得的政府补贴资金　　　　单位：万元

企业	百度	腾讯	阿里云	华数	联想、华胜天成、盛大、 金蝶、奇虎 360 等 11 家企业
所获补贴	>10000	10000	10000	7000	各获得 1500 ~ 2000 不等

数据来源：高工物联网产业研究所（GSII）调研数据。

但是，其实并不是所有的产业都适用于直接补贴政策。政府补贴产业的合理理由有许多种：比如为了提高本国企业的国际竞争力而实施的战略性贸易政策①补贴，典型的例子是美国和欧盟之间关于飞机制造业的补贴争端；再如有些高技术产业面临较大的技术和市场风险，政府以补贴的方式来降低风险，从而吸引私人企业投资；又如政府部门为了推动产业结构在短期内达到快速调整的目的，以补贴的方式加速投资从一些效率较低的产业转向效率较高的产业；还有一种情况，就是一个产业具备较强的正外部性，私人成本与社会成本不一致，需要政府给予一定程度的补贴②。云计算产业是否需要补贴才能发展，要根据云计算产业的自身技术经济特征和内在发展规律来判断。即使同样属于战略性新兴产业，每一个具体领域的适用政策方式也不一样。为了说明这个问题，本文选取以光伏和风电等为代表的新能源产业和云计算产业进行比较，以阐述产业补贴的合理性或不合理之处。

　　新能源产业和云计算等新一代信息技术产业都是欧美各国比较关注的所谓"新技术革命"或"第三次工业革命"③的重要组成部分。但是就技术经济特征而言，两者存在着非常大的差别。光伏和风电等新能源产业④为人类带来的最大好处之一就是作为可再生能源，相比化石能源降低了碳排放，减少了环境污染和温室效应，因此被称为"绿色"能源。但是，这些有一个共同的特点，就是在不考虑外部性的前提下，相对于化石能源，其单位供给成本更高一些，是现阶段相对而言比较贵的能源。而云计算产业则完全不同，其最大的特征就是使信息技术

---

①　该理论的标志性文献包括 Spencer & Brander（1983）、Brander & Spencer（1985）和 Krugman（1984）先后发表的三篇经典论文。

②　这是所谓"庇古"式的办法，即依靠调整税收来解决外部性问题；另一种办法是由科斯提出的产权交易的办法，比如排污权交易等方式。

③　参见（美）杰里米·里夫金著，张体伟、孙豫宁译，《第三次工业革命》，中信出版社2012年6月第1版。

④　此处指列举了光伏和风电等能源供给成本较高的产业，这是近几年新能源产业的代表。不过，据国外研究一些结果显示，页岩气等新的化石能源的开发，降低了能源供给成本，尽管未必环保。

产品及服务的成本显著下降，原则上讲政府是没有什么理由提供补贴的。

可以利用简单的供需曲线图来解释这一区别。图5.7显示了新能源产业（左图）与云计算产业（右图）效果比较。对新能源产业而言，设传统能源的供给曲线为S，而没有政府补贴的新能源的供给曲线为S'；假定考虑节能环保、减少排放等因素之后，新能源的社会供给总成本低于传统化石能源，那么政府部门出于社会整体利益考虑，可以对新能源产业提供一定量的补贴，使新能源产业的供给曲线S'向下移动，达到与传统能源的供给曲线S重合或者更低，具体补贴量要取决于两种能源供给方式的社会总成本之差额。此时，对社会整体而言，这种补贴是改进了社会福利的，具备一定的合理性。

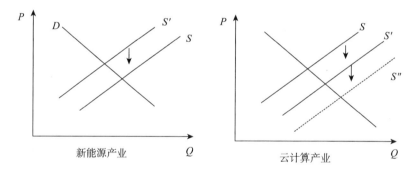

图5.7　新能源产业与云计算产业政府补贴必要性比较

对云计算产业的补贴效果则不同，如图5.7右图所示，设传统IT产业的供给成本为S，而云计算技术引入后，信息技术供给成本显著下降，供给曲线下移至S'；此时如果再为云计算产业提供补贴，供给曲线将进一步下降至S"。可以看出，与新能源产业不同，对信息技术而言，云计算的应用已经降低了供给成本，相比传统IT产业，云计算产业是更具市场竞争力的，其商业化应该可以依赖私人部门的推动就可以成功实现①。也就是说，云计算产业从理论上是不需要政策补贴的。如果提供补贴，有两个负面后果：一是政府部门要先收税后补贴，在这个过程中会耗费一些管理成本，如果考虑政府官员腐败和设租寻租的问题，中间的损耗就更高了；二是放大产业发展"泡沫"，对于云计算产业，在政府不补贴的情况下都可能因其带来的新的"利润机会窗"而引致大量的私人投资，如果再加上政府补贴，那么很可能使这一新兴产业的投资规模盲目扩大，加剧本来已经出现的重复建设和未来可能出现的产能过剩等一系列问题。

对于这一点，可以观察美国联邦政府对这两个产业采取的不同政策扶持方式：对光伏新能源产业，奥巴马政府主要是采取了研发资助等补贴的方式予以支持②；而对云计算产业，联邦政府则主要是以示范用户和政府采购等方式，率先在政府部门的信息化建设中引入云计算，以引领社会应用、降低联邦信息技术支出。相对而言，我国政府部门对这两个产业实施的政策则具有很大的类似性，显得不够灵活，也反映出政府部门的政策惯性和思维僵化。

3. 云计算数据中心缺乏合理统筹、布局不尽合理

云计算数据中心与传统的 IT 数据中心有较大的区别，决定这种区别的核心问题就是云计算的规模效应。在云计算模式下，用户端的计算能力和存储能力都可以放在云数据中心，而用户端本身只需要输入输出端和一个高速的网络接入就可以了，不需要再购买大量的服务器

---

① 美国云计算技术和产业的发展证实了这一点，正是谷歌和亚马逊等互联网企业率先推出了商业化的应用，而它们并不是靠政府补贴来维持云计算业务运营的。

② 当然，这种补贴方式是否能成功，还要看新能源产业的技术创新是否能够使其供给成本逐渐下降，否则就非常考验政府财政收入状况能不能保证长期为一个产业提供补贴。事实证明，美国联邦政府为几家光伏企业提供的非持续性研发补贴，并没有使这几家企业顺利成长，得到了补贴的硅谷新能源企业如今已经纷纷渐入困境。

和个人电脑设备。这就意味着，云计算数据中心的规模是相对较大的，而且只有较大的规模才体现出云计算带来的成本降低的好处。不过，由于大规模数据中心的服务器数量巨大，产生了非常多的热量，需要大量的专用空调进行冷却，带来的能耗是非常大的。以谷歌公司为例，位于全球的谷歌数据中心每年大约要消耗掉 3 亿度电，其用电成本非常之高。

因此，云计算数据中心的区域布局应该注意三个问题。第一，相对集中。也就是说，从区域分布来看，公有云数据中心的数量一般不应太多、分布不应太分散，形成单体规模较大、数据中心数量较少的区域布局是比较合理的。第二，应尽量布局于气温较低较稳定、比较有利于散热的地区，这样冷却的成本就会比较低一些，能节省较多的电力消耗。第三，应尽量布局在能源比较富集、电力成本比较低的区域，这样电力的消耗量虽然可能较大，但是数据中心的用电总成本仍可以因为单位电价较低而有所下降。

从我国各地云计算数据中心的规划和建设情况来看，目前各地还是自行其是，缺乏在宏观和整体层次上的统筹和规划。

首先，从我国各地云计算数据中心的总体分布情况来看，还是显得比较分散、不够集中。正如前文中提到的，大部分省市都在规划和建设本地的云计算基地或数据中心，而中央政府的管理部门对此并没有进行有效的统筹和布局设计，基本上处于任由地方政府自行发展的状态。图 5.8 显示了赛迪咨询公司提供的我国各地云计算基础设施的分布情况（截至到 2011 年 4 月），以及美国较大型云计算中心的分布情况。相比之下，我国的云计算数据中心分布要分散得多，而美国的数据中心相对数量较少，分布比较集中。

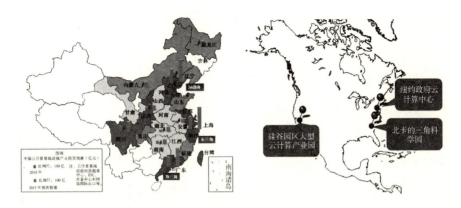

图 5.8　中国与美国云计算基础设施分布比较（2011 年 4 月）

资料来源：赛迪咨询，《中国云计算基础设施产业地图白皮书（2011 年）》。

其次，我国的云计算数据中心并没有完全按照节省电力消耗的原则来进行选址。事实上，我国最先建设的云计算数据中心主要分布在经济发达地区，只考虑了当地的信息技术需求和资金投入实力等问题，而没有考虑节省电力成本的问题。当这些数据中心开始运营之后，较高的电力能耗成本很可能将部分抵消云计算技术带来的低成本优势。如果互联网的带宽和速度能够满足要求的话，其实没有必要太多考虑需求所在地的问题，因为云计算服务都是在网络上进行传递的，与地理位置的关系不太大。

美国云计算大型企业在节省电力方面进行了许多努力。例如谷歌公司为了降低能源消耗，已经在美国的东部沿海地区收购了当地一些风电厂的股权，目的就是为当地的云计算数据提供丰富、低价的可再生电力。其实我国也有一些地区具备气候适宜或能源富集的特征，例如黑龙江省，根据国裕集团提供的数据，把云计算数据中心建在哈尔滨，由于当地气温较低，冷却条件非常好，一年就可以节省 2 亿元的电费。再如内蒙古的鄂尔多斯，由于当地能源较为丰富，可以为云计算企业提供每度少于 0.3 元的优惠电费。尽管这些地区已经意识到自身的区位优势，并开始规划和部署云计算基地的建设，但是从目前我国的云计算基础设施布局来看，大部分数据中心并没有集中在这些区域。

4. "基建"方式的扩张会导致较大的浪费

从目前各地已经启动的云计算示范项目来看，大部分都带有"基本建设"的典型特征，即先占地、再大量购买新服务器，建设成本相对而言是比较高的。其实，许多原有数据中心的服务器及其他设备还可以经过重新配置之后，进行再次利用，这样就会节省一部分建设成本。

国外云计算的发展实践也证明了这一点。较早进行云计算商业化探索的谷歌公司，在刚开始利用云计算技术提供服务的时期，就充分地利用了大量的闲置服务器，并通过云计算技术和系统架构将这些旧服务器资源进行整合，构建虚拟化的云计算数据系统，高效率地利用了这些服务器的计算能力，也体现了云计算节省成本的本质经济特征。

在云计算引入之前，我国的许多科技园区或大企业都拥有自己的数据中心，只是这些传统的数据中心不是按照云计算的架构和需求而建立的，单体规模普遍偏小，分布也比较分散，技术和运营水平相对，存在高能耗、高成本、低效率等问题。据统计，我国原有各类数据中心或计算机机房约43万个，数量约占全球的13%[①]。如果新的云计算应用示范项目都立足于新建，这些传统数据中心的服务器就不能再次利用，将会造成很大的浪费。

（二）产业发展环境尚不完善：安全、标准与网络带宽

1. 安全问题是影响云计算应用的瓶颈之一

云计算为 IT 产业带来了效率的提升和成本的降低，但是由于规模经

---

① 数据引自工业和信息化部电信研究院，《云计算白皮书（2012）》。

济的存在，事实上只有当云数据中心的规模比较大的情况下，云计算的优势才能更充分地体现出来。总体而言，公有云的规模一般比私有云大，而且具备很好的可扩展性，其效率提升和成本降低效应是更加显著的，也更加适合于广大的中小企业以及个人用户。不过，相对于私有云，公有云的安全问题是其能否顺利发展的重要制约因素，也是云计算应用的瓶颈之一。

云安全问题可以分为两个层次：一是商业意义上的安全，即云计算用户的数据存储在云服务商的数据中心，可能会产生的数据泄露问题；二是国家意义上的安全，某国比较重要的政治、军事、经济、科技等信息一旦泄露或被国外机构掌握，就可能威胁到一个国家的安全。

商业意义上的云安全问题包括云服务商主动泄露和因其他技术原因泄露用户资料等两种情况。从技术上讲，由于云计算中心是依靠互联网来提供服务的，互联网的开放性决定了完全避免数据泄露是不太可能的，就像一个人生活在现实世界中也几乎不可能不遭遇被偷和被抢的情况。无论是云服务商的竞争对手，还是自由网络黑客，都可能攻击一个云数据中心，从而获得一些可用于商业用途的企业级数据。而且，如果云数据中心的系统出现了技术故障，也有可能造成服务中断、数据丢失等问题。另一方面，云计算服务商处于利益目的，也存在主动泄露用户数据的可能性，就像许多用户因为买车、买房等行为被泄露个人信息一样。以云计算的领头企业谷歌公司为例，近几年来已经发生过一些数据泄露问题。比如2005年1月，Gmail邮件系统暴露了安全漏洞，使邮件的用户名和密码较容易被黑客盗窃；再如2007年1月，谷歌桌面系统被发现也存在安全漏洞，恶意入侵者有可能以远程方式侵入并控制用户的计算机系统。谷歌尚且如此，其他云计算企业恐怕更难免了。

国家层面的数据安全问题更加需要关注。如果公共部门不慎将一些敏感信息或重大科技成果置放在接入互联网系统的公共云计算中心，就有可能导致被窃取或截获，造成重大损失。另一种情况是，在发生国家之间的冲突或战争时，整个云计算系统可能遭受外国的技术攻击而导致瘫痪，严重影响各类政策或命令的执行效率。个别发达国家有明文法律[①]，要求本国企业在战争等紧急状态下要服务于本国需要，可以对他国信息技术系统进行攻击。

从针对我国云计算用户的调研情况来看，云安全确实是被普遍担心的问题。著名的云计算企业 VMware 公司针对中国云计算潜在用户进行了调查[②]，结果显示，云计算在我国应用的最大障碍就是对数据隐私、数据失控的担忧，共有70%的被调查者认为数据安全是云计算能否应用的核心问题。

2. 行业标准仍然处于缺位状态

对 IT 服务业而言，一套业内认可的技术标准是非常必要的，否则产业链的各个环节就会因为标准不一而无法衔接，影响产业的分工细化和效率的提高。对云计算产业，目前国际标准正在制定过程中，还没有一个统一、完备的标准体系。谷歌、雅虎、亚马逊、微软等领先云计算企业都在推动云计算标准的制定，不过，这些企业的技术架构和应用模式各有特点，而且对云计算的解读都基于本企业的传统技术优势[③]，因此对标准制定会有许多不同意见。

在没有统一标准的前提下，我国各地大大小小的云计算示范项目将来可能难以互联互通。因为，每一个项目都是与一家国内或国外的云计

---

① 典型的例子如美国的《爱国者法案》。
② 该调查共访问了包括中国本土公司、跨国公司以及政府部门等各类机构的1124名IT科研或管理人员，详情参见 www.vmware.com/ap/cloudindex。
③ 比如微软公司就提出了"云+端"的应用模式，主要是基于微软在用户"端"累计的技术和竞争优势。

算企业合作建设的，不同的企业都有各自的系统架构和企业级的标准，但是这些企业的建设标准又互相不一致。因此，不同的云计算数据中心之间必然不容易实现相互匹配和互操作，将来会影响用户从一个云系统向另一个云系统顺利迁移，也使用户可能无法同时选择两个云系统来提供服务。

我国已经有一些组织和企业开始了云计算标准的研究，比如全国信标委、IT 服务标准工作组等等，还有一些产业联盟组织。工业和信息化部也非常积极地推动标准制定工作。但是从目前情况来看，云计算标准的制定还是滞后于各地应用示范项目的建设进度。

3. 网络带宽不足制约了云计算产业的规模化发展

云计算提供的各种服务归根结底还是要依靠互联网来传递到用户端，这种交付方式决定了网络带宽的关键作用。网络之于云计算，就像快递业之于电子商务一样重要，速度、稳定性、时延等等问题都可能大大限制云计算技术的应用和产业的规模化发展。

从世界范围来看，我国网络带宽与发达国家存在非常大的差距。据美国 Akamai 公司发布的数据[①]，截至 2011 年末，全球互联网平均连接速度为 2.7Mbps，平均峰值连接速度可达 11.7Mbps。韩国是世界上网络速度最快的国家或地区，平均连接速度达到了 16.7Mbps，中国香港和日本分别以 10.5Mbps 和 8.9Mbps 的平均连接速度排在第二、三位。而我国大陆地区平均连接速度仅为 1.4Mbps，排在世界第 90 位，尽管网速与去年同期相比增幅达到 43%，但还是远低于世界平均水平。以这样的网络带宽水平，一旦云计算服务业务量迅速增加，很可能遭遇网络拥塞的状况，大大阻碍云计算产业的发展速度。

---

① 参见中国新闻网，全球网络现况——韩国网速第 1、台湾地区位居第 46，http：//www. chinanews. com/tw/2012/10～29/4282777. shtml。

　　除了网络速度以外，长途传输数据导致的时间延迟也会影响云计算服务的交付和质量。在云计算业务逐渐增多的情况下，由于网络流量的大幅动态变化，以及网络路由的动态化选择，网络时延很难避免。这也可能成为影响云计算业务扩展的障碍之一。

（三）警惕可能发生的不公平竞争或垄断

　　正如前文中所分析的，最有可能妨害云计算产业公平竞争、导致非竞争性垄断的情况就是：掌握网络带宽资源的电信运营商直接参与云计算服务的业务竞争。在我国云计算产业的发展过程中，三大电信运营商对投资云计算项目都非常积极。

表 5.3　　2011 年我国三大电信运营商投资云计算领域情况

公司	云计算投资项目	项目时间	计划投资（亿元）
中国移动	中国移动呼和浩特云计算数中心	2011 年 11 月	315.7
	中国移动哈尔滨数据中心	2011 年 11 月	
	中国移动福建云计算数据中心	2011 年 12 月	
	中国移动湖北襄阳企业云计算中心	2011 年 12 月	
中国电信	宁波电信启动"星云计划"	2011 年 4 月	164.3
	中国电信海峡通信枢纽中心（厦门）	2011 年 6 月	
	中国电信呼和浩特云计算园区	2011 年 12 月	
中国联通	中国联通西部数据中心项目（重庆）	2011 年 10 月	165
	中国联通西北（呼和浩特）基地	2011 年 11 月	
	山西云计算中心（太原，合资项目）	2011 年 12 月	
合计			645

资料来源：高工物联网产业研究所（GSII）发布的数据。

　　如表 5.3 所示，仅 2011 年一年，三大电信运营商已经与地方签约的云计算中心或园区建设项目总规划投资额已经达到了 645 亿元，其中，中国移动、中国电信、中国联通分别在全国各地计划投资 315.7 亿元、164.3 亿元和 165 亿元。2011 年，三家电信运营商的总计划投资额占了全国云计算规划投资总额的 18%，接近 1/5。

　　诚然，电信运营商的加入会进一步促进云计算产业的快速发展，但是也带来了不公平竞争和垄断的隐忧。理由有二：第一，这三家运营商在典型领域确立了不可动摇的寡头地位，而且缺乏足够有效的产业规制，利用优势地位在电信领域获得了大量的超额利润，比其他各类云计算企业具备更强大的资金实力和并购能力。第二，也是最关键的一点，这些运营商掌握着云计算的交付渠道，即互联网带宽资源。借用电力产业的概念，可以将云计算产业也划分为"网"和"厂"，那么广大云计算服务商就是生产厂，而电信运营商则控制着"网"。显然，具备"厂网合一"市场地位的运营商在云计算市场的竞争中处于天然的优势地位，存在垄断的潜在实力和可能性。对此，应该引起足够的警惕，以免影响未来云计算产业的公平竞争。

三、促进我国云计算产业快速、有序发展的政策建议

　　无论是从国内外产业发展情况，还是从社会各界对云计算的认识来看，云计算产业在我国的发展壮大都将是一种不可避免的趋势。这一新兴产业的发展速度可能使政府管理部门感到措手不及，因此在政策问题上还缺乏统一的考虑。对云计算这样一个有可能成为未来经济重要推动力的战略性新型产业，应在认真研究其技术经济特点的基础上，按照云计算产业的自身发展规律，对目前的政策扶持方式进行合理的调整，促进云计算产业健康稳步发展。

（一）在当前体制下，应发挥中央政府的统筹和调控能力

在成熟的市场经济国家，一般而言地方政府有比较强的自我约束能力，立法机构会对地方政府投资进行合理的审议和严格的控制，因此地方政府不会有强大的投资动员能力。在这种情况下，不需要中央政府通过项目审批、投资审批等方式来约束地方政府的投资冲动。但是我国目前尚处于向市场经济转型的过程中，体制赋予了地方政府的投资积极性和较强的资源动员能力[①]，在这种体制前提和发展阶段下，中央政府还必须要对一些产业的发展进行干预和调控，以避免产能过剩、重复建设等负面影响。

1. 对云计算的"泡沫化"苗头，短期应通过适当方式予以调控

根据各类机构对市场容量的预测，以及各地提出的云计算产业发展目标，几乎已经可以确定，到2015年一定会出现产能过剩的问题。对此，中央政府可以采取一些措施进行干预：比较温和的办法是通过讲话或主流媒体发布文章等方式，对云计算产业面临的市场风险进行明确警示，提醒那些还未上马但已经跃跃欲试的省份或城市应慎重考虑继续投资云计算项目；比较严厉的做法是通过项目核准等行政干预方式，暂停审批投资规模较大的云计算项目。尽管后者不是一种市场经济的做法，但是短期来看在市场经济体制和地方投资约束机制未能建立的情况下，不失为一种次优的选择。

但是，从长期来看，如果要避免这种普遍存在的新兴产业"大跃进"的现象，还需逐步使地方政府转变为一个能考虑本地长期利益的自我约

---

① 例如土地资源，基本被地方政府控制，这甚至使许多民营企业自愿投资一些本来收益不佳的项目。

束主体。一方面要改革现有的地方考核机制，淡化短期 GDP 指标；另一方面也要逐步强化地方人民代表大会及其常委会的监督地位和职能。

2. 统筹大规模数据中心的合理布局，避免"遍地开花"

国外的云计算数据中心主要由私人企业来推动建设，因此自然会出于降低成本的考虑而选择能源富集、电力成本低或气候较寒冷、方便设备冷却的地址，不需要政府加以统筹或限制。但是，我国地方政府要发展本地的战略性新兴产业，肯定不会在本地管辖区域之外来支持云计算数据中心建设。从全国范围来看，要保证数据中心具有经济上的合理性，中央政府行业管理部门就要发挥统筹规划的职能，一方面要将能源和气候因素作为大规模数据中心项目核准制的重要条件，对能源缺乏、气候炎热的省市尽量避免批准新项目；另一方面应协调不同省市之间加强合作，使其能利用自身的技术或地理等比较优势，进行互补式发展。

（二）减少或取消对新建项目的资金补贴

1. 对后续的项目不再出台新的专项资金或电价补贴

云计算在我国的发展现实表明，这是一个不需要中央政府补贴及已经出现产能过剩风险的产业。在美国，政府也没有像对待新能源产业一样为云计算企业提供各类补贴。因此，中央政府各部门不宜再安排更多的云计算项目专项补贴资金，也不宜对云计算数据中心给予电价优惠补贴。前者将加剧目前已经存在的重复建设隐忧，后者将使云计算数据中心的布局更加不合理、经济上更加不合算。政策重心应更多地转向保障安全、网络提速、制定标准、促进公平竞争等产业发展环境的建设和完善。

2. 对基于传统数据中心的技术改造项目可以给予适当鼓励

或许是出于拉动 GDP 的考虑，目前全国各地已经上马的云计算应用示范项目基本上都属于"基建"范畴，对此已经不宜继续支持或鼓励了。

对那些利用原有数据中心的闲置服务器资源，进行云计算整合、改造的项目，可以考虑给予一定的资金支持。鼓励通过建立虚拟数据中心或进行就近合并等方式，探索如何通过虚拟化技术和云平台管理软件来提高旧有服务器的利用效率，减少资源闲置和浪费。在今后一段时期，应将技术改造项目列为主要的应用示范重点，以适当的资金补贴推动这一类项目的发展。

（三）从商业和国家两个层次应对"云安全"问题

1. 完善法规制度，明确云服务商安全责任

云计算应用的实质性发展还要靠市场需求和商业化供给来共同推动。因此，首先要通过完善法律法规和相关制度，明确云计算服务商在保障安全方面的责任。尽管很多安全问题可以通过技术来解决，但是毕竟会增加服务商的成本，如果没有相应的约束制度，服务商出现道德风险的概率就会比较大，可能会扰乱市场秩序、妨害正常竞争。

（1）制定专门法规，明确云服务商和用户的相互责任与义务

由于云计算产业的交易模式不同于传统行业，仅仅依靠现有合同法的约束是不够的。最好是制定专门的云计算服务法规，对云计算服务商应承担的安全责任，以及一旦出现数据泄露等问题应如何进行赔偿等重要问题给出明确答案，并根据云计算产业的发展态势和实践中出现的问题进行动态调整。在这样的法规指导下，应该再出台一个云计算服务的合同范本，列出一些用户需要关注的问题，详细列举云计算服务可能产生的各种安全风险，每种风险条件下双方各应如何处置。有了这样的合同范本，用户才能比较放心地接受云计算服务。

（2）建立云计算服务商安全评估及认证制度

另一个办法是借鉴食品等行业认证卫生条件的做法，由公共机构负

责组织对云计算服务商进行安全等级的认证，并颁发相应的安全证书。应制定不同安全等级的标准，并规定安全评估的要点和具体操作规范。可以委托专业的社会中介机构对云计算服务商定期进行安全程度的全面评估，以提高服务商内部操作的透明度，保证其可靠性。对经评估确定为安全资质不合格的云服务商，应向社会公众公布结果，并作出相应的处罚。

2. 对国家层面的安全问题应采取审慎和自主原则

（1）政府部门的云计算应用应选择合理的部署方式

政府部门的数据信息也可以分为两类：一种是可以且需要向社会公开的政务、官员情况以及便民服务等透明信息，另一种是关乎国家安全问题、不宜对外公开的内部信息。对这两种信息，应采取不同的云计算部署方式。

对于内部信息，采用私有云的方式比较适合，这是一种综合考虑安全和效率的折中选择。目前各个政府部门分别拥有自己的内部信息系统，"信息孤岛"的问题比较严重，可以考虑将各部门的数据中心或服务器资源以虚拟化或者物理集中的方式整合起来，按照云计算系统的架构和标准，建立一个政府部门的内部信息私有云。作为私有云，这些信息只在各政府部门之间进行内部共享，与外部网络物理隔绝。这样既能保证安全，也能在一定程度上降低政府部门信息化成本、节约公共支出，系统升级更加方便、整体上也更加可靠。对于能够公开的信息，可以考虑放在公共云系统中，以政府采购的方式租用商业的云服务，成本可以显著地下降。

（2）支持关键技术研发和国内运营商发展是长久之计

在云计算领域，以美国为龙头的大型云计算企业掌握着主要的核心技术和关键设备的设计制造能力。随着越来越多的我国政府部门开始作为用户引入云计算应用，可能会产生较大的潜在风险，从长远来看，从根本上解决国家数据安全问题还是要依靠技术进步和掌握自主知识产权，这样才能避免因为技术和关键设备为国外厂商控制而带来的高度风险。

首先，应依托国家科技计划或重大专项，支持虚拟化技术、分布式存储、分布式计算等关键基础技术、共性技术的研发。依托相应技术领域的高等院校，建立云计算技术国家实验室，并鼓励技术成果向产业界转移、扩散。对已经成立的云计算技术或产业联盟，也可以给予相应的研发自主。其次，鼓励国内企业加强国际交流与合作，广泛利用开源等产业技术条件，对云计算技术引进消化吸收再创新，在商业化实践的基础上，逐步掌握云计算领域涉及的关键技术，建立自主可控的核心技术体系，实现技术和服务模式的同步创新。

（四）加强产业支撑环境建设

1. 充分考虑云计算应用需求，提高互联网速度和可靠性

互联网是云计算应用发展所必经的"信息高速公路"，最关键的是要按照网络建设适度超前于产业发展的原则，尽快解决云计算产业发展的网络带宽瓶颈。管理部门在规划网络基础设施建设时，应及时根据云计算产业的迅猛发展态势，预先评估云计算发展带来的网络带宽和可靠性要求，并结合评估结果适时加快"宽带普及提速工程"的推进速度，尽快缩小我国与欧美、日韩等国家网络速度的差距，满足云计算产业规模化发展的基础设施需求。

2. 跟踪和参与国际标准制定，同时积极推进国家标准制定工作

积极组织国内高校、研究院所、企业与不同的云计算国际标准组织进行深入交流，鼓励国内机构与云计算国际机构举办各种论坛和大会；鼓励国内的非营利机构和相关企业加入云计算国际组织，参与国际标准

制定工作。另一方面，还要逐步推进云计算国家标准的制定工作，并将知识产权政策、产业研发政策和标准化政策协调起来，逐步建立云计算的国家标准体系。政府部门在制定标准时，应该让标准的制定程序和过程更加公开透明，积极鼓励国内龙头企业参与国家标准制定工作。

（五）保护公平的市场竞争环境

正如前文所分析的，电信运营商的加入可能会带来不公平竞争、甚至是垄断行为，对此应该有一个合理的预判。云计算产业与电力产业的不同点在于，它从发展之初就是厂网分离的状态，比较有利于竞争，但是运营商的加入可能会在未来 3~5 年改变良性竞争的态势。

因此，一方面应加强对互联网使用和收费环节的规制，逐步降低云计算服务商及用户的网络使用成本①，并保障不同云计算服务商接入骨干网的公平性。另一方面要警惕电信运营商利用自身的网络资源优势偏袒自己的云计算企业，对其他云计算企业进行事实上的不正当竞争。对这种滥用市场优势地位的垄断性行为，应及时加以制止和处罚，必要时应采取拆分的方式，将电信运营商所属的云计算服务企业从母公司剥离出来，成立与运营商完全分离、没有股权持有关系的独立云计算企业，以保障公平的市场竞争环境。

---

① 根据美国 Akamai 公司发布的数据，我国网络的使用费用要高于许多发达国家。

参考文献
References

[1] Armbrust, M. , Fox, A. , et al. , Above the Clouds: A Berkeley View of Cloud Computing, UCB/EECS, 2009 (28)

[2] Becker, G & Murphy, K, The Division of Labor, Coordination Cost and Knowledge, The Quarterly Journal of Economics, 1992, 107 (4)

[3] Brander, J. A. and B. J. Spencer, Export subsidies and international market share rivalry, Journal of international Economics, 1985, Vol. 18

[4] Bresnahan, Timothy F. and M. Trajtenberg: General Purpose Technologies: "Engine of Growth?", Journal of Economics 1995, Vol. 65

[5] Business Software Alliance, Global Cloud Computing Scorecard, A Blueprint for Economic Opportunity, 2012, www. bsa. org

[6] Clayton M. Christensen, The Innovator's Dilemma: When New Technologies Cause Great Firms to Fail, Harvard Business Press, 1997

[7] Etro, F. , The Economic Impact of Cloud Computing on Business Creation, Employment and Output in the E. U. , Review of Business and Economics, 2009 (54)

[8] Etro, F. , The Economics of Cloud Computing, Annual Conference on European Antitrust Law, 2011, February

[9] Gens, F. IT Cloud Service User Survey, pt. 2: Top Benefits & Challenges, DC exchange, 2009, August. http: //blogs. idc. com/ie/? p = 210

[10] Hagel, J. , Brown, J. S. , Cloud computing: Storms on the horizon, Deloitte Center for the Edge, 2010

[11] Harms, R. , Yamartino, M. , The Economiocs of The Cloud, Microsoft, 2010, November

[12] International Data Corporation, Cloud Computing, 2010, http: //www. idc. com /

[13] International Data Corporation, White Paper: Aid to Recovery, 2009, October 9

[14] Jon Brodkin. Gartner: Seven cloud – computing security risks, 2009, August. http://www. infoworld. com/d/security – central/gartner – seven – cloud – computingsecurity – risks – 853

[15] Jorgenson, Dale W. , and Kevin J. Stiroh, Raising the Speed Limit: U. S. Economic Growth in the Information Age, Brookings Paper on Economic Activity 1, 2000

[16] Krugman, P. , Import protection as export promotion: international competition in the presence of oligopoly and economics of scale, in H. Kierzkowski, ed. , Monopolistic competition and international trade, Oxford: Clarendon press, 1984

[17] Kydland, F. E. , E. C. Prescott. Time to Build and Aggregate Fluctuations, Econometrica, 1982 (50)

[18] Lipsey, Richard G. , Kenneth I. Carlaw, and Clifford T. Bekar: Economic transformation: General Purpose Technologies and Long Term Economic Growth, Oxford University Press, 2005

[19] McKinsey Global Institute, Big data: The next frontier for innovation, competition and productivity, May 2011

[20] Ng, Yew – Kwang, Division of Labour and Transaction Costs: An introduction, Division of Labor & Transaction Costs (DLTC), 2005 (01)

[21] Ranganathan, V. , Privacy Issues with Cloud Applications, IS Channel, 2010 (5)

[22] Schubert, L. , et al. , The Future of Cloud Computing: Opportunities for European Cloud Computing Beyond 2010, European Commission, 2009

[23] Schultz, W, Investment in Human Capital, American Economic Review, 1961, 51 (3)

[24] Spencer, B. J. and Brander, J. A. , international R&D rivalry and industrial strategy [J], review of economic studies 1983, 50

[25] Wang, Chenxi, Penn, J. , Herald A. , How Secure Is Your Cloud? Forrester Research For Security & Risk Professionals, 2009, August. http://www. forrester. com/Research/Document/Excerpt/072114577800. html

[26] West, D. , Saving Money Through Cloud Computing, Governance Studies at Brookings, April 07, 2010

[27] William J. Baumol, John C. Panzar, Robert D. Willig, Contestable Markets and the Theory of Industry Structure, New York: Harcourt Brace Jovanovich, 1982

［28］William J. Baumol，The Free - Market Innovation Machine：Analyzing the Growth Miracle of Capitalism，Princeton UP，2002

［29］World Economic Forum，Exploring the Future of Cloud Computing：Riding the Next Wave of Technology - Driven Transformation，2010

［30］World Economic Forum，The Global Information Technology Report2009 ~ 2010，http：// www. weforum. org/

［31］Young，Allyn，Increasing Returns and Economic Progress，Economic Journal，1928，vol. 38

［32］埃森哲咨询公司. 立足世界之巅——云计算给银行带来的竞争优势和成本优势. 展望，2010

［33］艾伦·E·奥尔特，彭亚利等. 中国云计算发展的务实之路，2010

［34］奥利弗·E. 威廉姆森著. 段毅才，王伟译. 资本主义经济制度. 北京：商务印书馆，2002

［35］白重恩，阮志华编. 王淼译. 技术与新经济. 上海：上海远东出版社，2010

［36］拜伦·韦恩. 金融危机根本出路是构建国际储备货币. 当代金融家，2010（10）

［37］戴尔（Ravi·Dhar）. 租与买的奥秘. 中欧商业评论，2012（9）

［38］德姆赛茨. 关于产权的理论. 产权利与制度变迁——产权学派与新制度学派译文集. 上海：上海三联书店，1994

［39］杜伟锦，李红升. 信息产业对中国经济增长影响实证研究. 华中科技大学学报·社会科学版，2005（1）

［40］盖特纳（Gartner）公司. 公共云服务预测报告，2011

［41］盖特纳（Gartner）公司. 2011 年新兴技术成熟度曲线报告，2011

［42］高工物联网产业研究所（GIII）. 2011 年中国云计算行业投资情况分析. 高工物联网，2012（3）

［43］高工物联网产业研究所（GIII）. 国内云计算企业地区分布现状，2012

［44］工业和信息化部. 我国中小企业信息化调研成果报告，2011

［45］工业和信息化部电信研究院. 云计算白皮书，2012

［46］胡志刚. 中国电冰箱行业需求价格弹性与市场份额关系的实证研究. 山东财政学院学报（双月刊），2011（2）

［47］计世资讯公司. 2009 年中国云计算白皮书，2010

［48］计世资讯公司. 2012 年中国政府行业信息化建设与 IT 应用趋势研究报告，2012

[49] 计世资讯公司. 2012 年中国重点行业及产品趋势研究报告，2012

[50] 计世资讯公司. 中国云计算发展现状与趋势，2010

[51] 姜奇平. 云计算的经济学解释. 互联网周刊，2010（12）

[52] 杰里米·里夫金著. 张体伟，孙豫宁译. 第三次工业革命. 北京：中信出版社，2012

[53] 李伯虎等. 云制造——面向服务的网络化制造新模式. 计算机集成制造系统，2010（16）

[54] 李亚光等. 欧盟出台《云计算合同安全服务水平监测指南》. 中国电子报，2012-6-12

[56] 刘多. 云计算产业发展状况以及对运营商云计算的建议. 中国新通信，2011（22）

[57] 刘鹏. 探秘云计算压倒性的成本优势. 程序员，2010（10）

[58] 毛新生. 云计算经济学. 中国科技财富论坛，2010（10）

[59] 毛宇星. 云计算：一次新的技术革命和商业机遇. 中国金融电脑，2011（7）

[60] 倪琴，许丽. 云计算技术在智能交通系统中的应用研究. 交通与运输（学术版），2012（1）

[61] 倪云虎，朱六一. 报酬递增与经济中的正反馈——关于供需曲线倒置和局部正反馈机理的猜想. 经济研究导刊，2007（2）

[62] 彭毫. 论网络经济的收益递增法则. 当代经济管理，2009（7）

[63] 邱刚，李军. 主要国家云计算战略及启示. 物联网技术，2012（2）

[64] 曲佳. 云计算在电子商务上的应用与探讨. 江苏商论，2010（2）

[65] 赛迪顾问有限公司. 中国云计算产业发展白皮书，2010

[66] 思科公司. 2010~2015 年全球云指数预测报告. 网络世界，2012（3-4）

[67] 田杰棠. 特征举证、创新属性与云计算产业的战略取向. 改革，2012（5）

[68] 田杰棠. 我国云计算产业发展趋势及政策建议. 经济纵横，2011（8）

[69] 王宏伟. 信息产业与中国经济增长的实证分析. 中国工业经济，2009（11）

[70] 王喜文. 韩国政府主导下的云计算促进政策. 电子政务，2011（5）

[71] 徐升华，毛小兵. 信息产业对经济增长的贡献分析. 管理世界，2004（8）

[72] 亚当·杰夫等著. 罗建平，兰花译. 创新及其不满：专利体系对创新与进步的危害及对策. 北京：中国人民大学出版社，2007

[73] 严骏. 云计算安全研究. 数字图书馆论坛，2009（9）

[74] 杨斌，刘海涛. 云计算对移动互联网发展的助推作用. 电信工程技术与标准化，2010（12）

[75] 雍忠玮，徐英. 云计算泡沫. 财经国家周刊，2012（9）

[76] 詹洪文. 云计算核心技术及其产业化浅析. 硅谷，2011（6）

［77］张安．信息产业对经济增长影响的实证研究．信息技术，2006（7）

［78］张建文，汪鑫．云计算技术在银行中的应用探讨．金融信息化论坛，2009（6）

［79］张五常．地区间经济竞争造就奇迹．经济参考报，2012－12－17

［80］张小蒂，倪云虎．网络经济．北京：高等教育出版社，2008

［81］张新立，田野．中国信息产业与经济增长关系实证分析大连海事大学学报（社会科学版），
2009（5）

［82］张秀菊．云计算及其对企业信息化的影响．北京石油管理干部学院学报，2010（1）

［83］中国国务院新闻办公室．中国互联网状况白皮书，2010

［84］周震刚．云计算：运营商面临的机遇与挑战．通讯世界，2010（2－3）

［85］朱近之．智慧的云计算——物联网发展的基石．北京：电子工业出版社，2010